LUNDI Modélisation et alg

1. Trace la prochaine figure dans chaque suite.
2. Crée ta propre suite de couleurs pour chaque rangée.

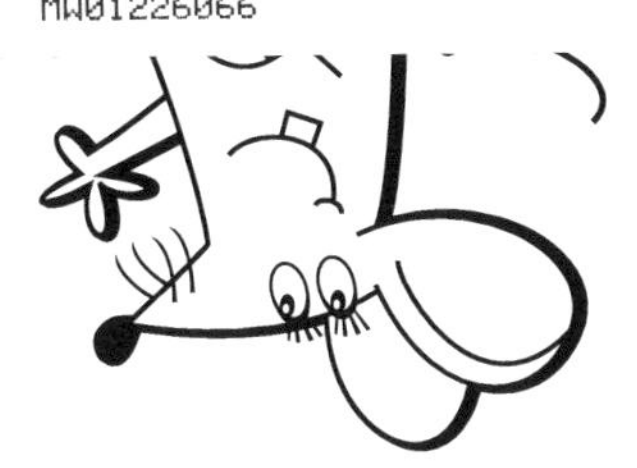

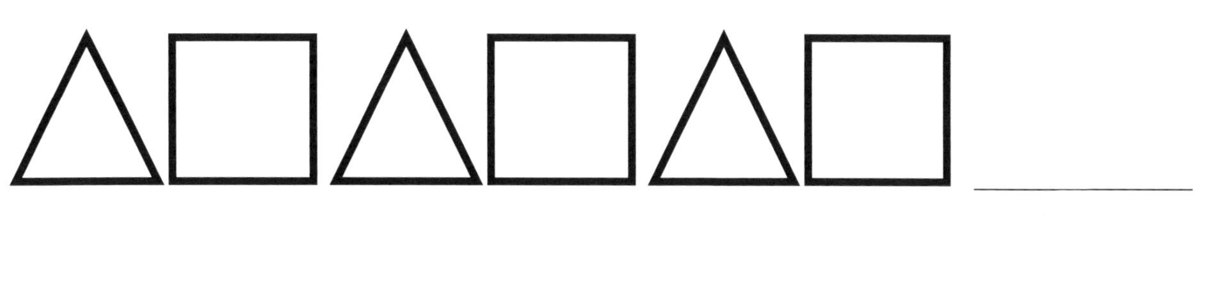

MARDI Sens du nombre

1. Combien y a-t-il de dizaines et d'unités?

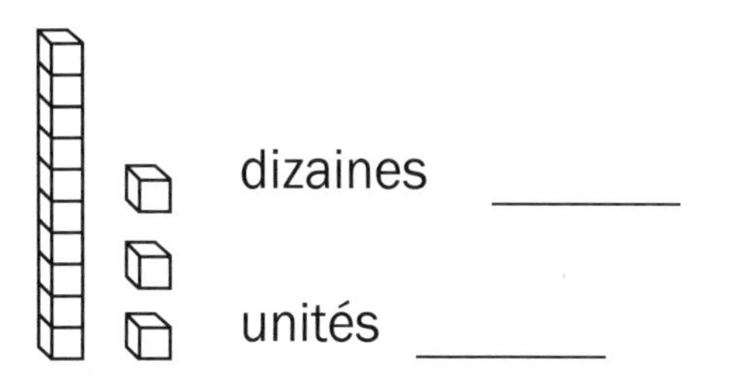

dizaines ______

unités ______

2. Quelle est la valeur de cette pièce de monnaie?

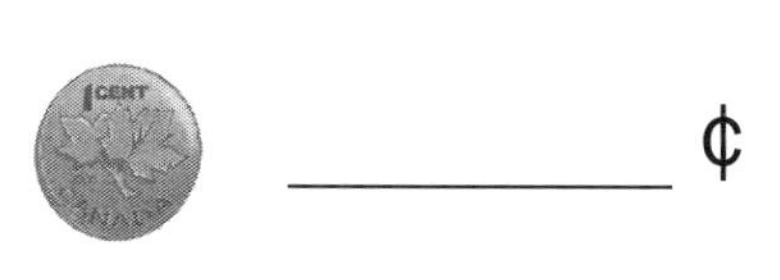

______ ¢

3. Combien y en a-t-il?

 ______

4. Encercle l'ensemble qui contient **le plus** de cercles.

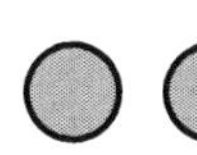

MERCREDI Géométrie et sens de l'espace

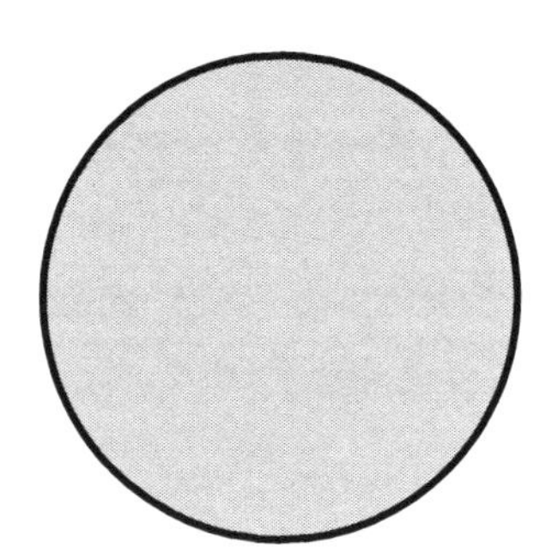

1. Encercle le nom de cette figure.

cercle triangle

2. Combien de côtés a-t-elle? ________

3. Combien de sommets a-t-elle? ________

Suis les lignes pointillées pour tracer la figure, puis trace la même figure à côté.

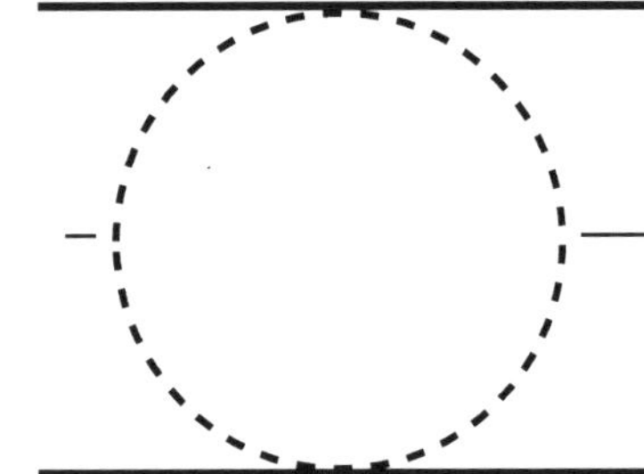

JEUDI Mesure

1. Quelle heure est-il?

________ h

2. Encercle le récipient qui peut contenir **le plus** de liquide.

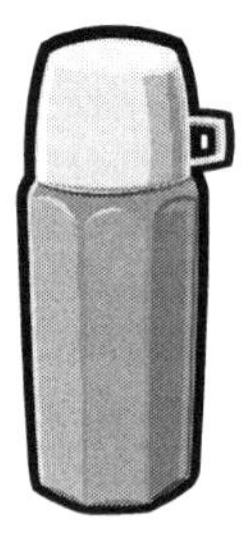

3. Quelle fleur est la plus **grosse**?

A.

B.

C.

VENDREDI Traitement des données

Sers-toi du diagramme à pictogrammes pour répondre aux questions.

Animaux préférés

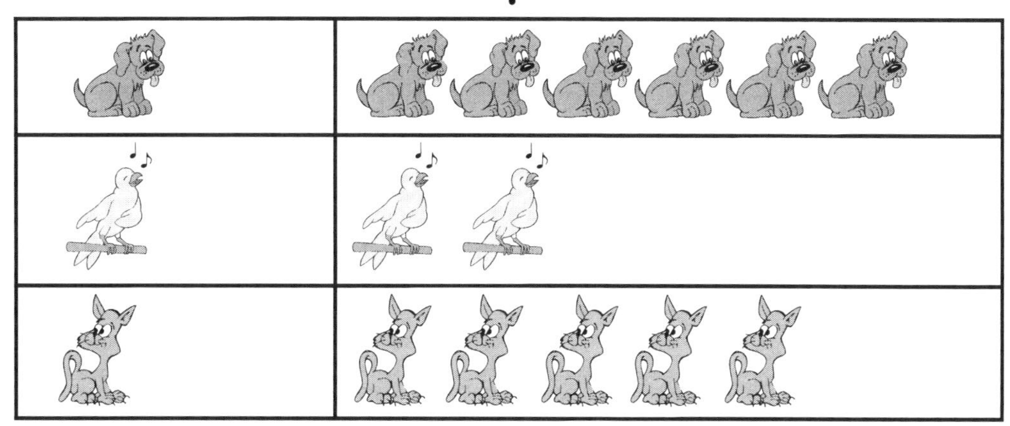

1. Combien y en a-t-il?  ________  ________  ________

2. Encercle l'animal **le plus** populaire.   

3. Encercle l'animal **le moins** populaire.  

RÉFLÉCHIS BIEN

1.  

_____ + _____ = _____

2. 

_____ - _____ = _____

LUNDI Modélisation et algèbre

1. Trace la prochaine figure dans chaque suite.
2. Crée ta propre suite de couleurs pour chaque rangée.

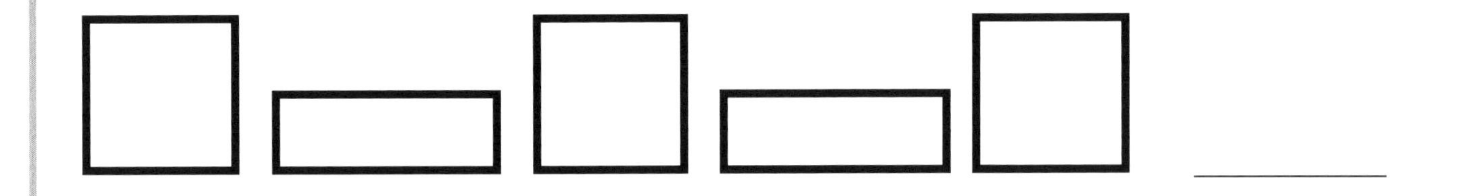

MARDI Sens du nombre

1. Combien y a-t-il de dizaines et d'unités?

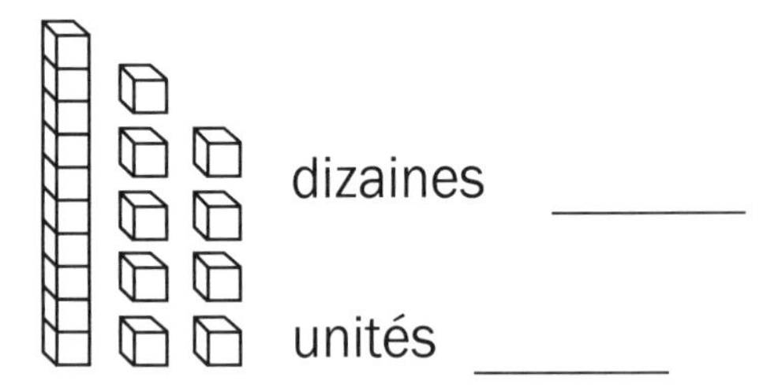

dizaines ______

unités ______

2. Quelle est la valeur de cette pièce de monnaie?

______ ¢

3. Écris ce nombre en chiffres.

un ______

4. Encercle l'ensemble qui contient **le moins** de cercles.

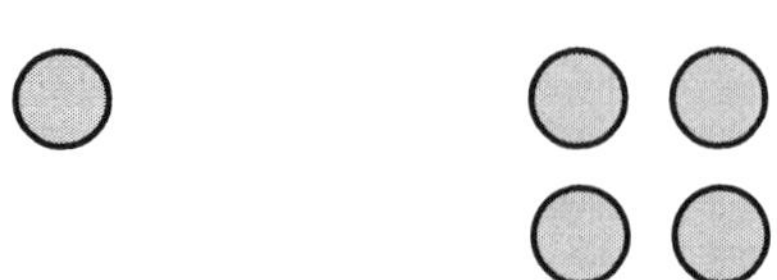

MERCREDI Géométrie et sens de l'espace

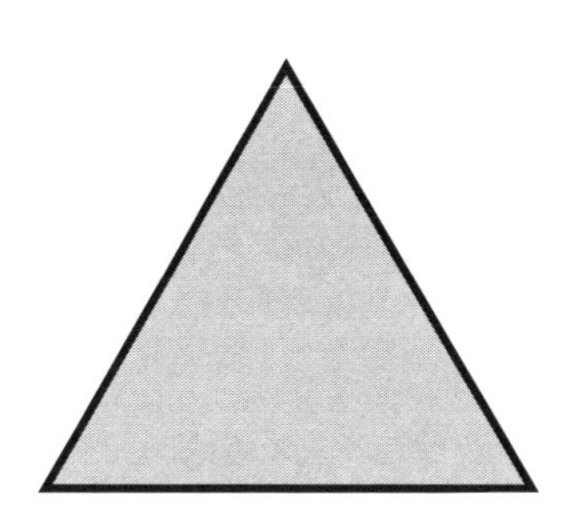

1. Encercle le nom de cette figure.

carré triangle

2. Combien de côtés a-t-elle? ________

3. Combien de sommets a-t-elle? ________

Suis les lignes pointillées pour tracer la figure, puis trace la même figure à côté.

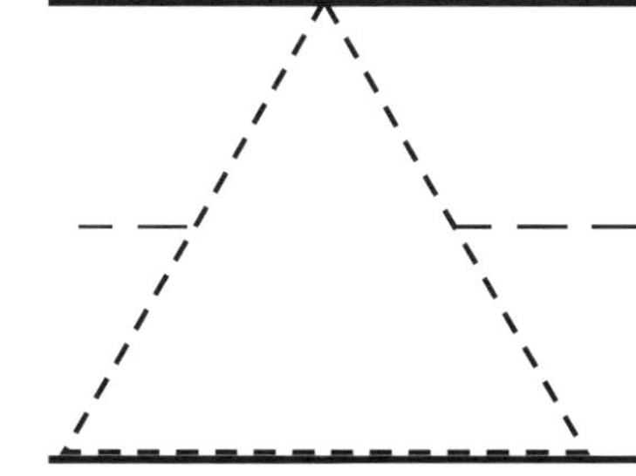

JEUDI Mesure

1. Quelle heure est-il?

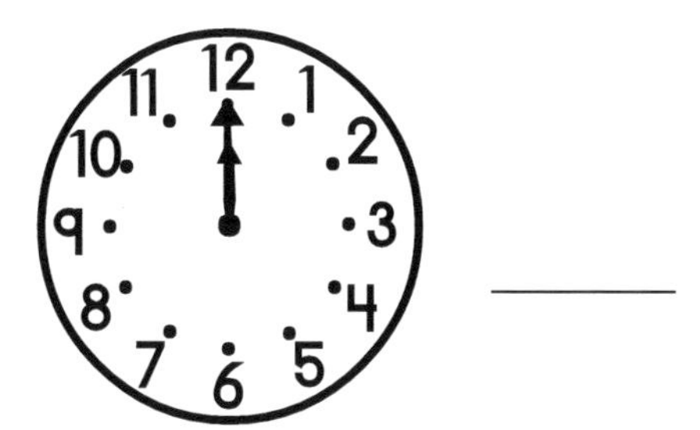

______ h

2. Quel arbre est **le plus court**?

A. 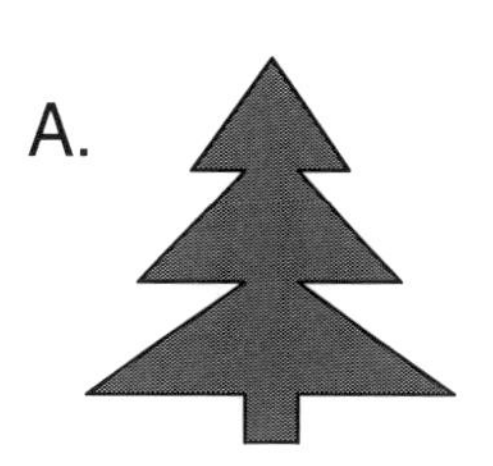

B. 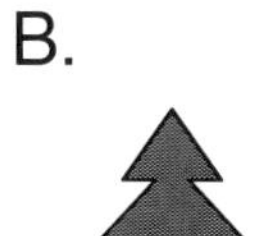

3. Quel  est **le plus petit**?

A. 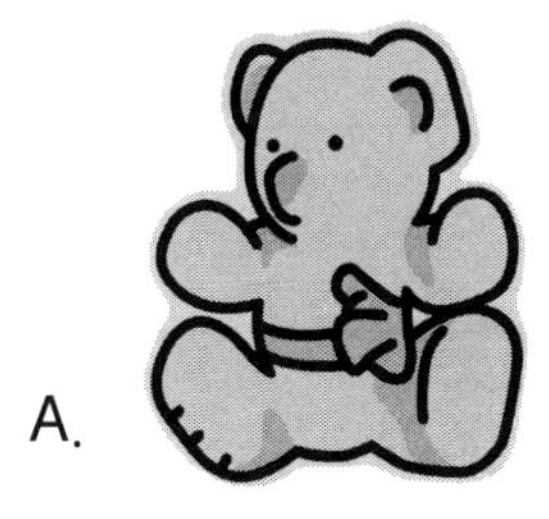

B. C. 

VENDREDI Traitement des données

Sers-toi du tableau des effectifs pour répondre aux questions.

Poissons préférés

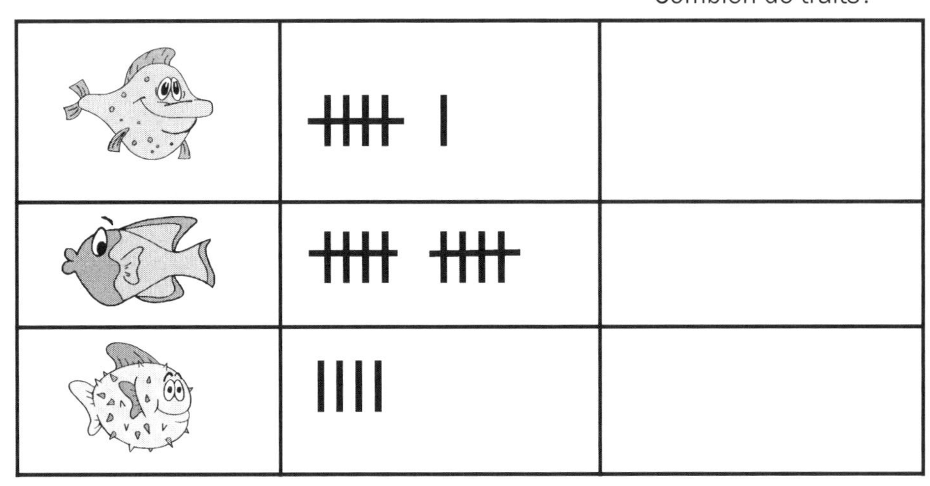

		Combien de traits?
	𝍸 𝍷	
	𝍸 𝍸	
	𝍷𝍷𝍷𝍷	

1. Encercle le poisson **le plus populaire**.

2. Encercle le poisson **le moins populaire**.

 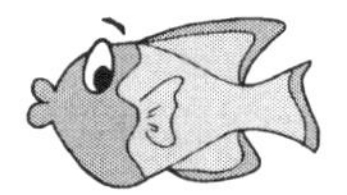 

RÉFLÉCHIS BIEN

1.  

_____ + _____ = _____

2. 

_____ - _____ = _____

LUNDI Modélisation et algèbre

1. Trace la prochaine figure dans chaque suite.
2. Crée ta propre suite de couleurs pour chaque rangée.

MARDI Sens du nombre

1. Combien y a-t-il de dizaines et d'unités?

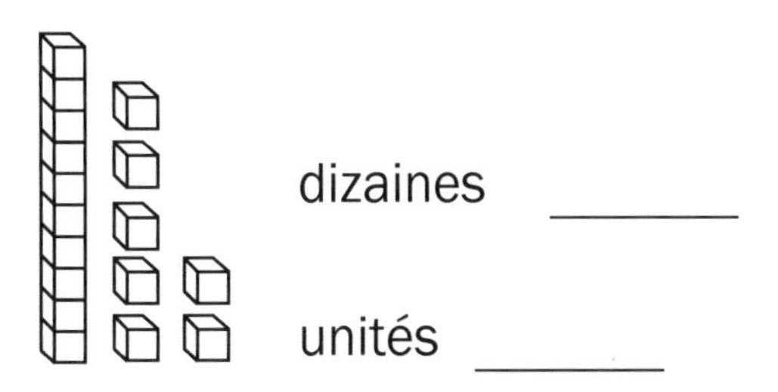

dizaines ______

unités ______

2. Quelle est la valeur de cette pièce de monnaie?

______ ¢

3. Compte, puis écris le nombre.

  ______

4. Encercle l'ensemble qui contient **le plus** de cercles.

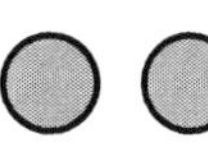   

MERCREDI Géométrie et sens de l'espace

1. Encercle le nom de cette figure.

triangle carré

2. Combien de côtés a-t-elle? ________

3. Combien de sommets a-t-elle? ________

Suis les lignes pointillées pour tracer la figure, puis trace la même figure à côté.

JEUDI Mesure

1. Quelle heure est-il?

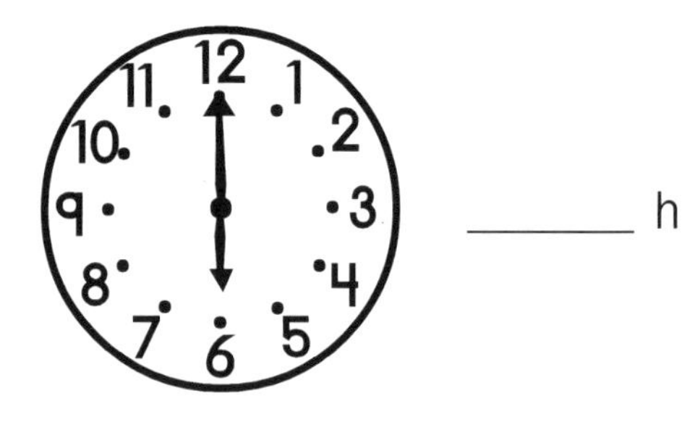

______ h

2. Encercle le récipient qui peut contenir **le plus** de liquide.

A. 

B. 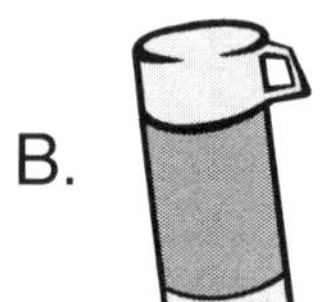

3. Mesure la longueur de la ligne.

Elle mesure environ ________ .

VENDREDI Traitement des données

Sers-toi du diagramme à pictogrammes pour répondre aux questions.

Jouets préférés

1. Combien y en a-t-il?  ______  ______  ______

2. Encercle le jouet **le plus** populaire.   

3. Encercle le jouet **le moins** populaire.   

RÉFLÉCHIS BIEN

1.  

_____ + _____ = _____

2. 

_____ - _____ = _____

LUNDI Modélisation et algèbre

1. Trace la prochaine figure dans chaque suite.
2. Crée ta propre suite de couleurs pour chaque rangée.

______

______

MARDI Sens du nombre

1. Combien y a-t-il de dizaines et d'unités?

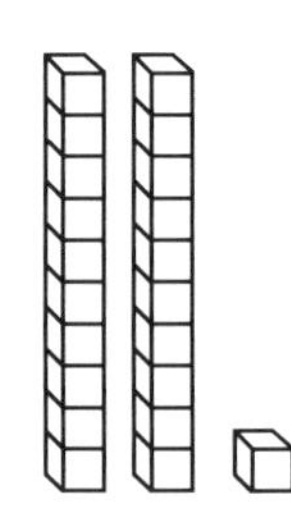

dizaines ______

unités ______

2. Quelle est la valeur de cette pièce de monnaie?

______ ¢

3. Trouve le nombre qui manque.

Juste après 2, 3, ______

4. Encercle l'ensemble qui contient **le moins** de chiens.

MERCREDI Géométrie et sens de l'espace

1. Encercle le nom de cette figure.

rectangle triangle

2. Combien de côtés a-t-elle? ________

3. Combien de sommets a-t-elle? ________

Suis les lignes pointillées pour tracer la figure,
puis trace la même figure à côté.

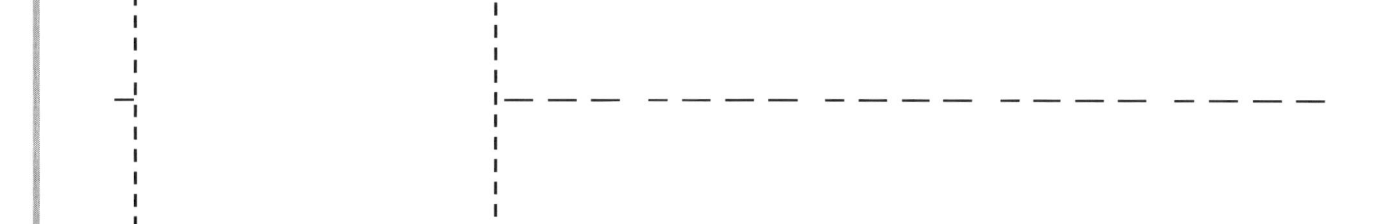

JEUDI Mesure

1. Quelle heure est-il?

________ h

2. Quel animal est **le plus gros**?

A. 

B.

3. Mesure la longueur de la ligne.

Elle mesure environ ________  .

VENDREDI Traitement des données

Sers-toi du tableau des effectifs pour répondre aux questions.

Accessoires de terrain de jeux préférés

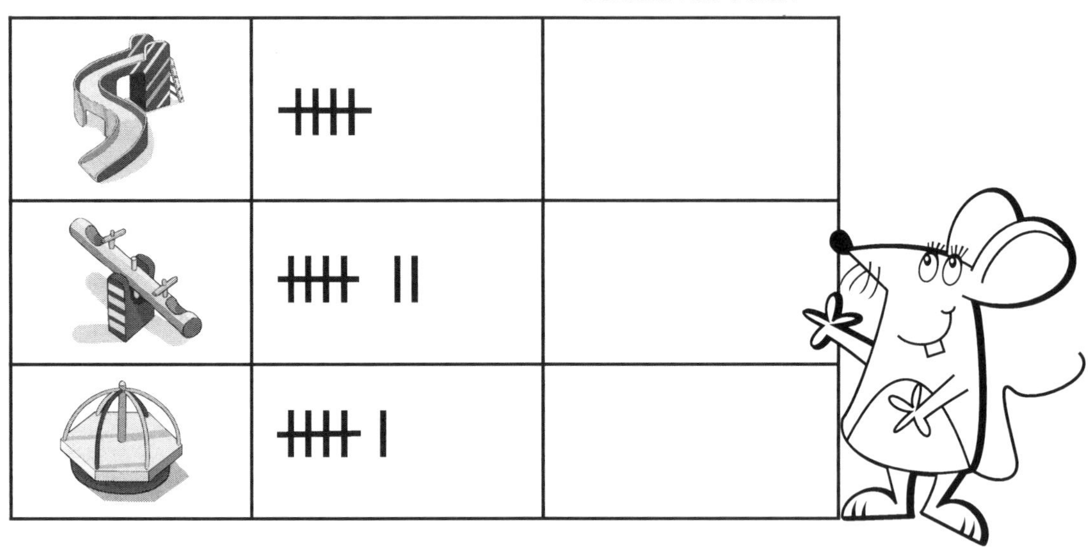

		Combien de traits?
	卌	
	卌 II	
	卌 I	

1. Encercle l'accessoire **le plus** populaire.

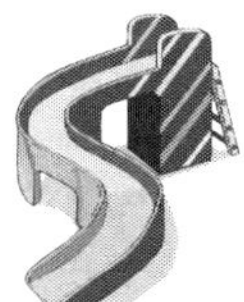  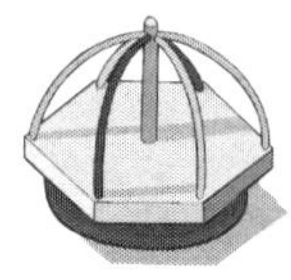

2. Encercle l'accessoire **le moins** populaire.

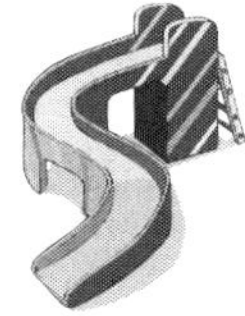  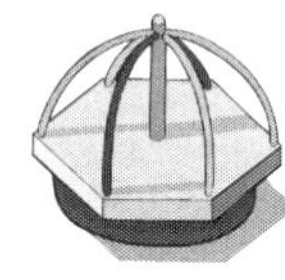

RÉFLÉCHIS BIEN

1.

_____ + _____ = _____

2.

_____ - _____ = _____

LUNDI Modélisation et algèbre

Dans chaque rangée, colorie les figures pour créer une suite.

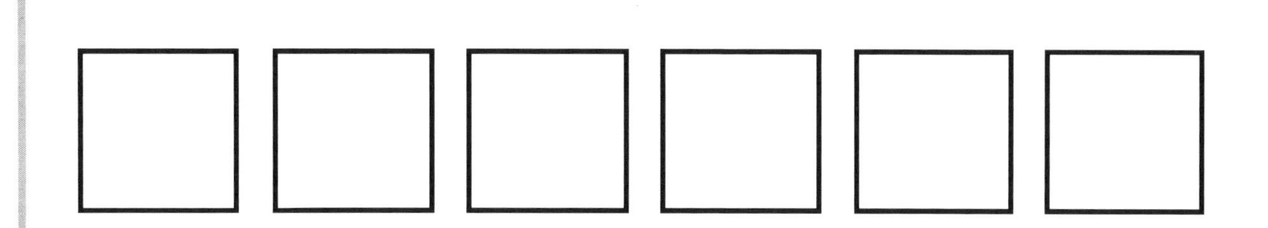

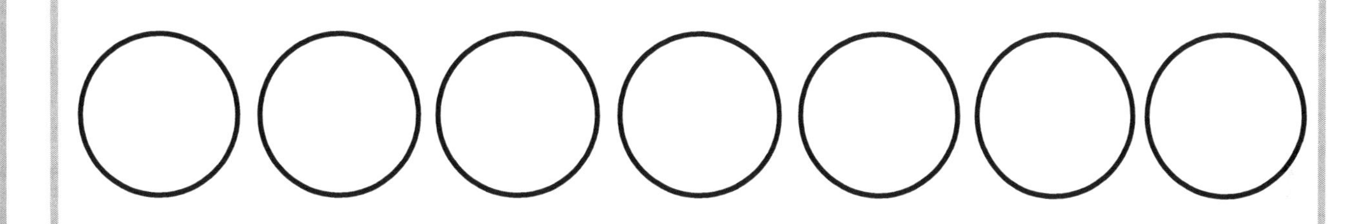

MARDI Sens du nombre

1. Combien y a-t-il de dizaines et d'unités?

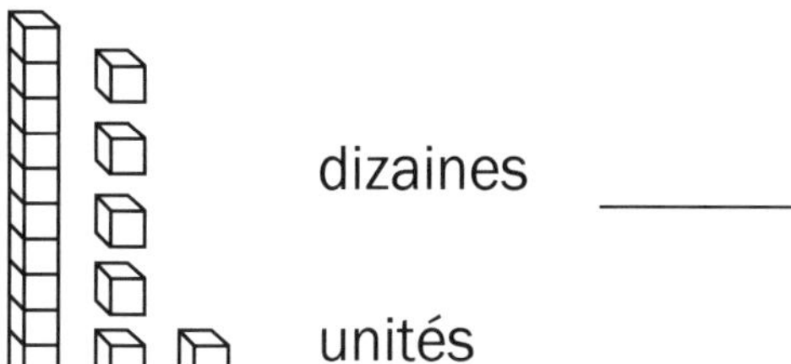

dizaines ______

unités ______

2. Quelle est la valeur totale de ces pièces de monnaie?

__________ ¢

3.

$1 + 3 =$ ______

4. Encercle l'ensemble qui contient **le plus** de cercles.

MERCREDI Géométrie et sens de l'espace

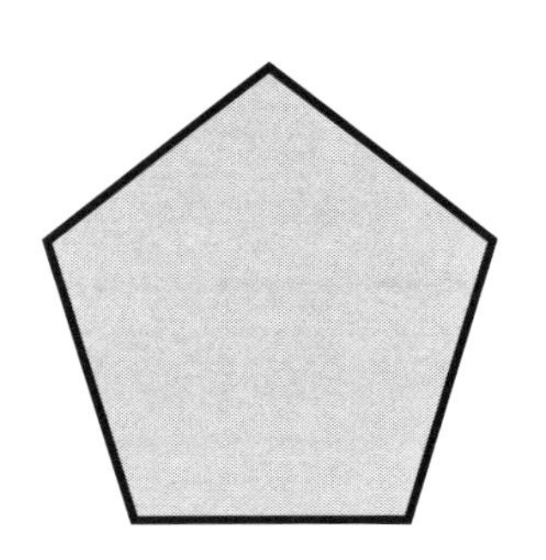

1. Encercle le nom de cette figure.

rectangle pentagone

2. Combien de côtés a-t-elle? ________

3. Combien de sommets a-t-elle? ________

Suis les lignes pointillées pour tracer la figure, puis trace la même figure à côté.

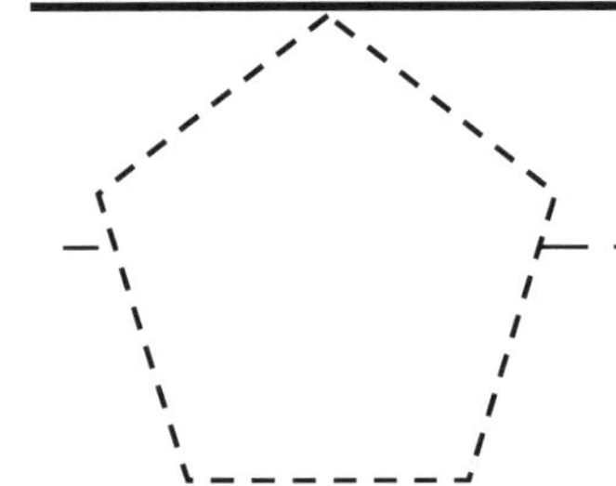

JEUDI Mesure

1. Quelle heure est-il?

______ h

2. Quel arbre est **le plus grand**?

3. Mesure la longueur de la ligne.

Elle mesure environ ________  .

VENDREDI Traitement des données

Sers-toi du diagramme à pictogrammes pour répondre aux questions.

Fruits préférés

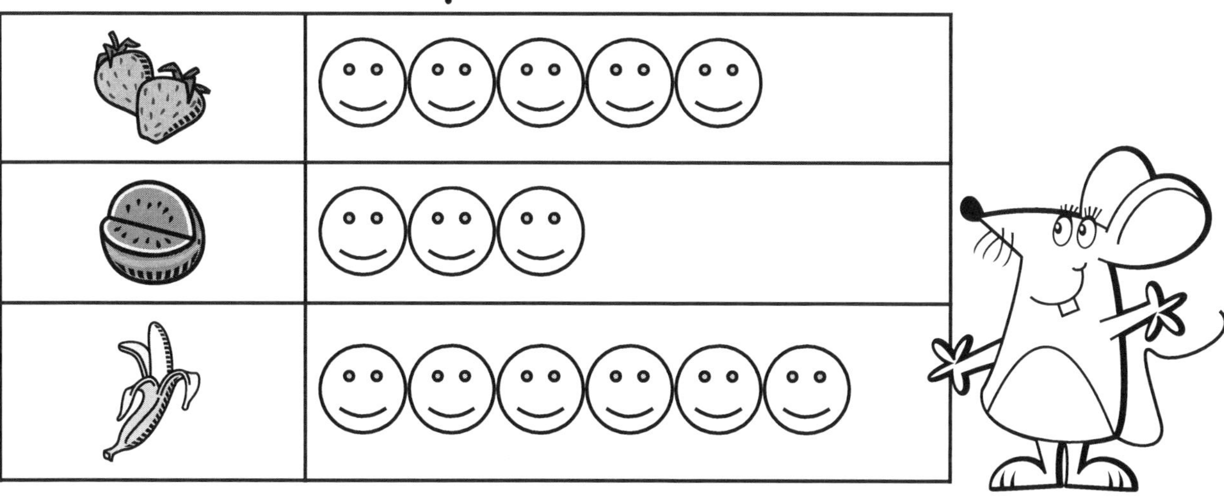

1. Combien y en a-t-il?

 ______  ______  ______

2. Encercle le fruit **le plus** populaire.

3. Encercle le fruit **le moins** populaire.

RÉFLÉCHIS BIEN

Colorie $\frac{1}{2}$ du cercle.

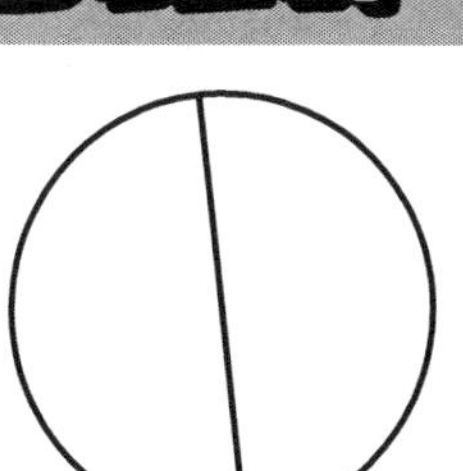

LUNDI Modélisation et algèbre

Dans chaque rangée, colorie les figures pour créer une suite.

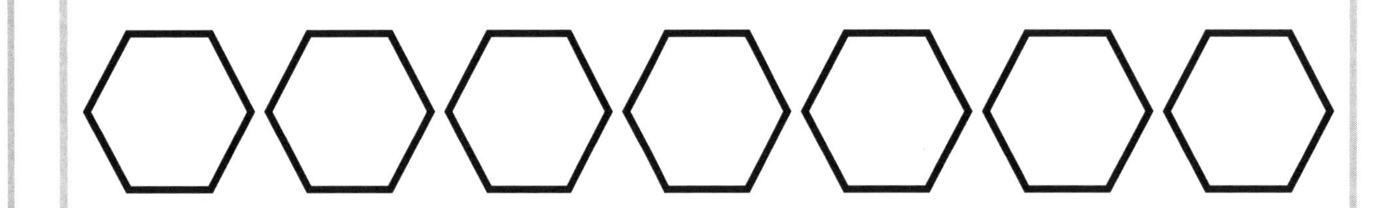

MARDI Sens du nombre

1. Combien y a-t-il de dizaines et d'unités?

dizaines ______

unités ______

2. Quelle est la valeur totale de ces pièces de monnaie?

________ ¢

3.

5 - 2 = ________

4. Encercle **le plus petit** nombre.

6 3

MERCREDI Géométrie et sens de l'espace

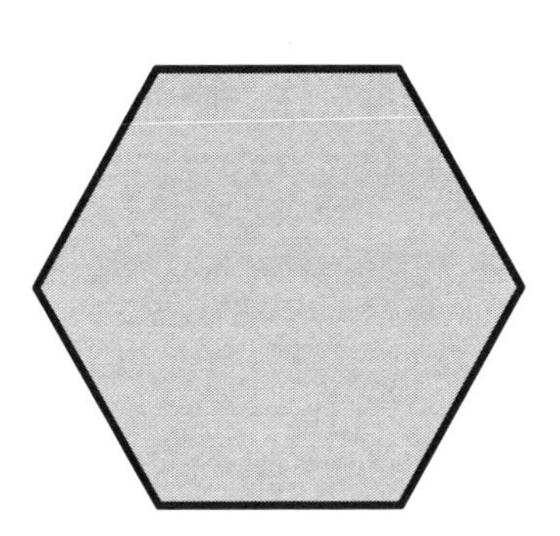

1. Encercle le nom de cette figure.

rectangle hexagone

2. Combien de côtés a-t-elle? ________

3. Combien de sommets a-t-elle? ________

Suis les lignes pointillées pour tracer la figure, puis trace la même figure à côté.

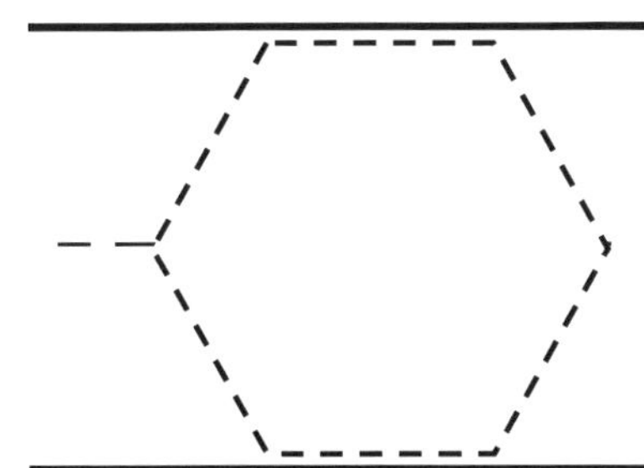

JEUDI Mesure

1. Quelle heure est-il?

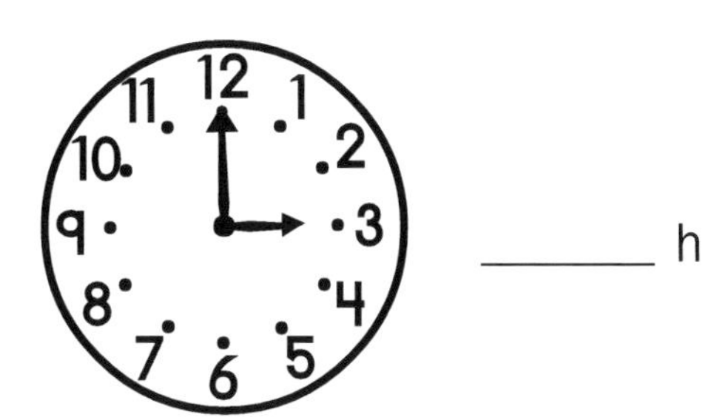

______ h

2. Est-ce qu'il fait chaud ou froid?

A. chaud

B. froid

3. Mesure la longueur de la ligne.

Elle mesure environ ________  .

VENDREDI Traitement des données

Sers-toi du tableau des effectifs pour répondre aux questions.

Légumes préférés

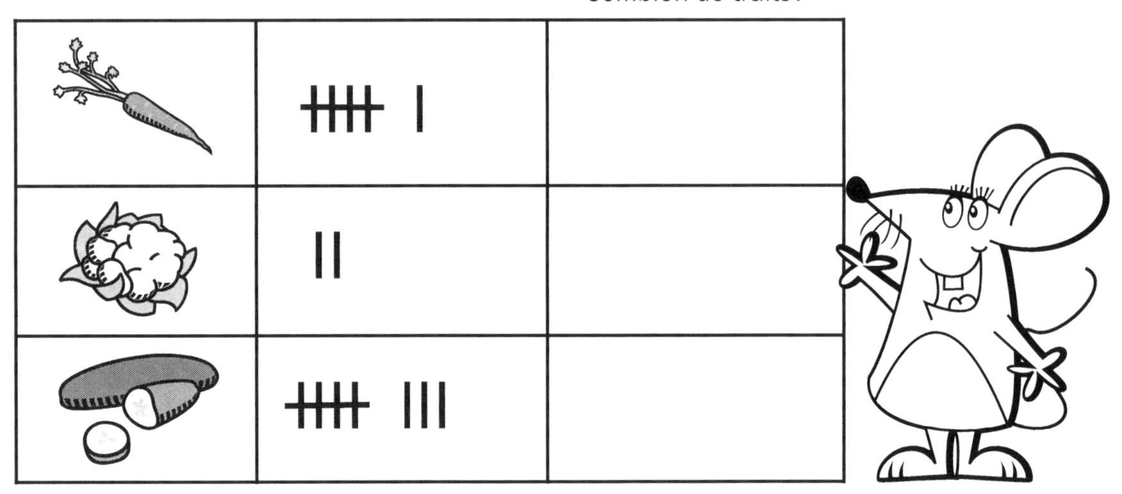

		Combien de traits?
(carotte)	𝍸		
(chou-fleur)	||	
(courgette)	𝍸 |||	

1. Encercle le légume **le plus** populaire.

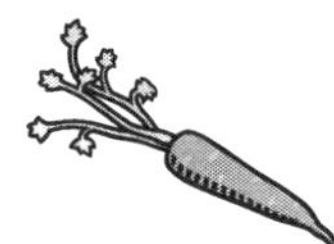  

2. Encercle le légume **le moins** populaire.

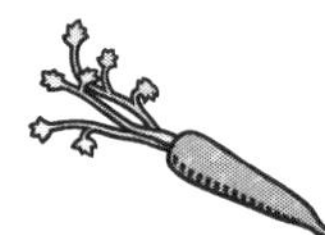  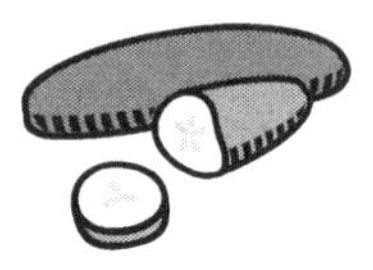

RÉFLÉCHIS BIEN

Compte de 1 à 10.

1				
				10

LUNDI Modélisation et algèbre

Crée une suite avec des  des ○

Crée une suite avec des  des 

MARDI Sens du nombre

1. Combien y a-t-il de dizaines et d'unités?

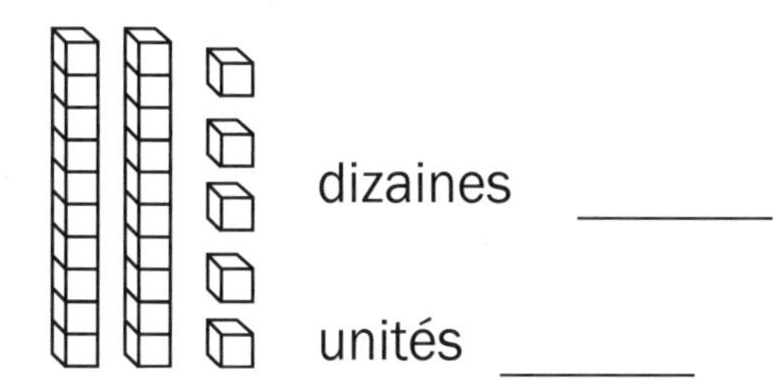

dizaines ______

unités ______

2. Quelle est la valeur totale de ces pièces de monnaie?

__________ ¢

3. Trouve le nombre qui manque.

Juste avant

__________ , 8, 9

4. Encercle l'ensemble qui contient **le plus** de cercles.

MERCREDI Géométrie et sens de l'espace

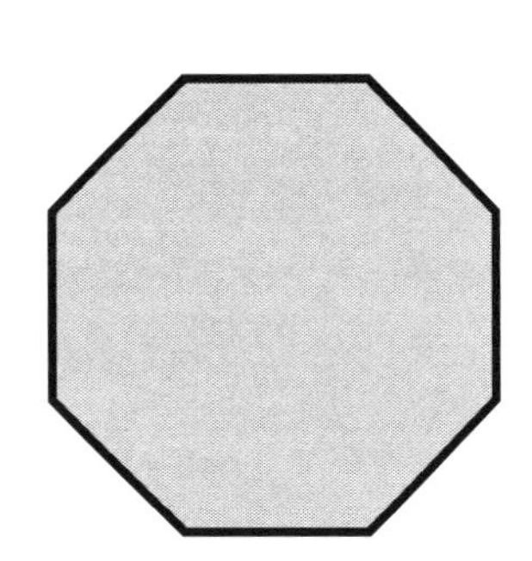

1. Encercle le nom de cette figure.

   triangle   octogone

2. Combien de côtés a-t-elle? ________

3. Combien de sommets a-t-elle? ________

Suis les lignes pointillées pour tracer la figure, puis trace la même figure à côté.

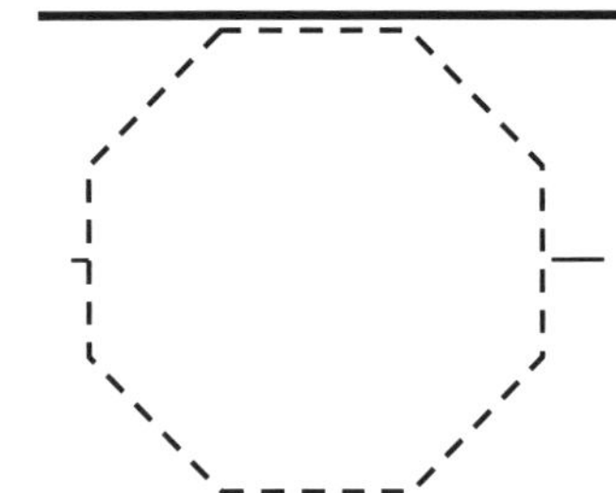

JEUDI Mesure

1. Quelle heure est-il?

______ h

2. Est-ce qu'il fait chaud ou froid?

A. chaud

B. froid

3. Mesure la longueur de la ligne.

Elle mesure environ ________  .

VENDREDI Traitement des données

Sers-toi du diagramme à pictogrammes pour répondre aux questions.

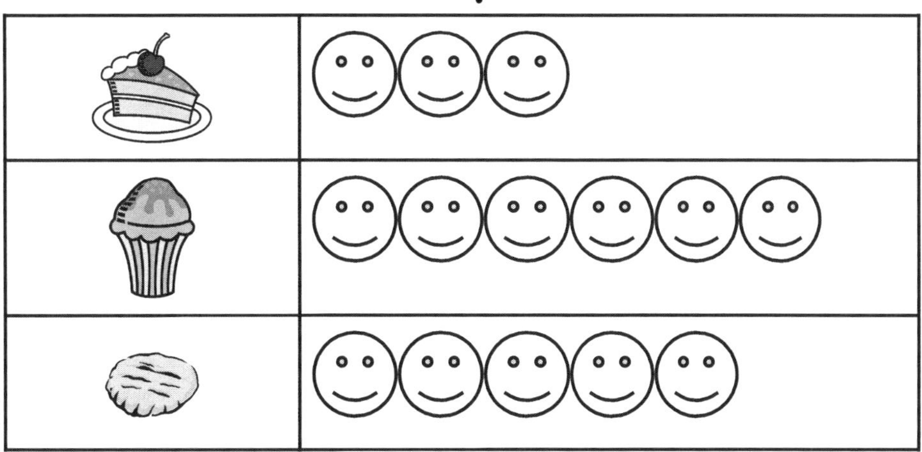

1. Combien y en a-t-il?  ______  ______  ______

2. Encercle la collation **la plus** populaire.   

3. Encercle la collation **la moins** populaire.   

RÉFLÉCHIS BIEN

Dessine un ensemble qui contient deux cercles **de plus**.

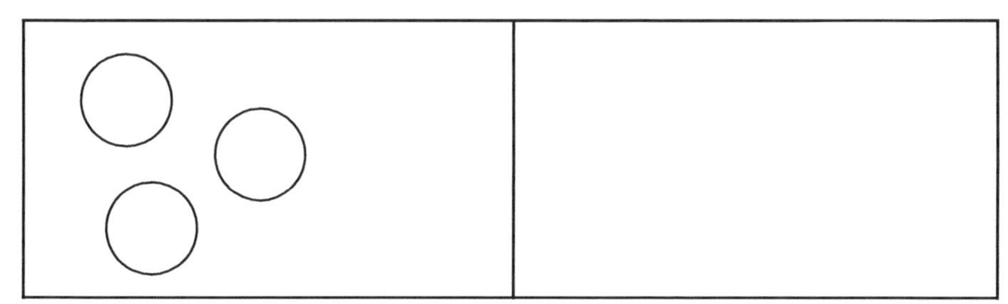

LUNDI Modélisation et algèbre

Crée une suite avec des  des 

Crée une suite avec des ☐ des 

MARDI Sens du nombre

1. Combien y a-t-il de dizaines et d'unités?

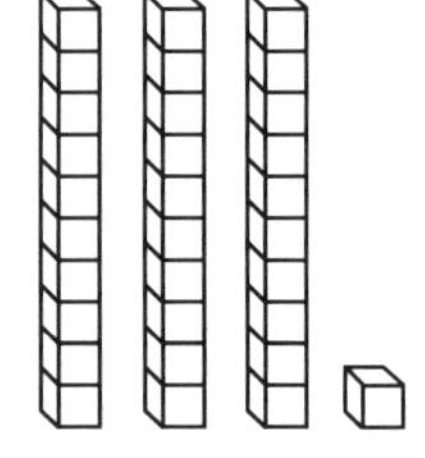

dizaines ________

unités ________

2. Quelle est la valeur totale de ces pièces de monnaie?

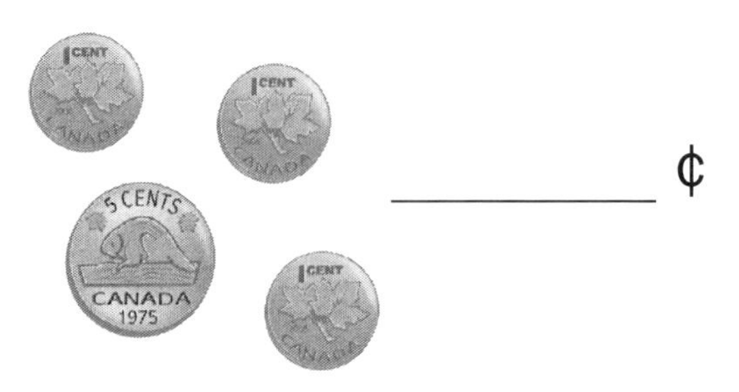

____________ ¢

3. Compte, puis écris le nombre.

____

4. Trouve le nombre qui manque.

Entre

2, ________, 4

MERCREDI Géométrie et sens de l'espace

1. Encercle le nom de cette figure.

   parallélogramme triangle

2. Combien de côtés a-t-elle? ________

3. Combien de sommets a-t-elle? ________

Suis les lignes pointillées pour tracer la figure, puis trace la même figure à côté.

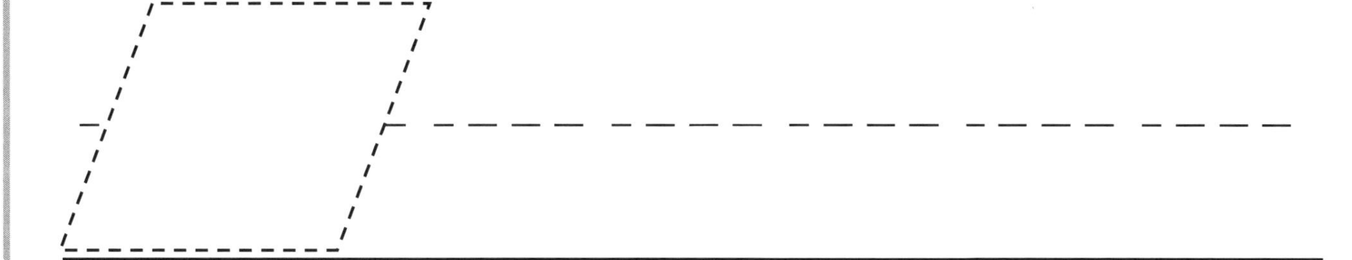

JEUDI Mesure

1. Quelle heure est-il?

______ h

2. Combien y a-t-il de jours dans une semaine?

____

3. Mesure la longueur de la ligne.

Elle mesure environ ________  .

VENDREDI Traitement des données

Sers-toi du tableau des effectifs pour répondre aux questions.

Temps préférés

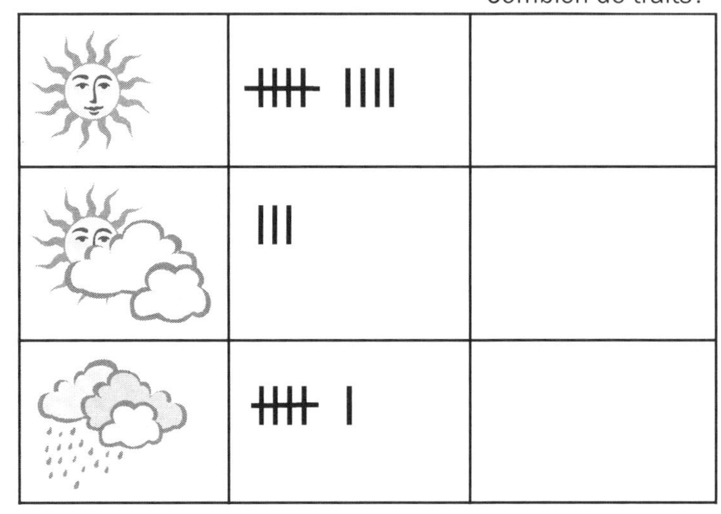

		Combien de traits?
(soleil)	𝍸 IIII	
(soleil et nuages)	III	
(pluie)	𝍸 I	

1. Encercle le temps **le plus** populaire.

2. Encercle le temps **le moins** populaire.

RÉFLÉCHIS BIEN

Dessine un ensemble qui contient 1 cercle **de moins**.

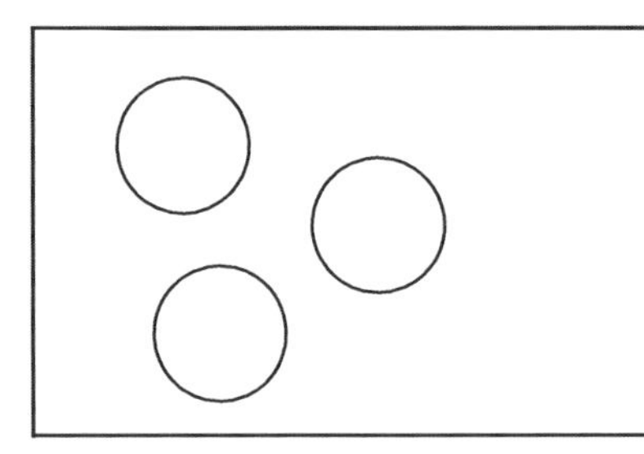

LUNDI Modélisation et algèbre

Crée une suite de t de se suivent comme les lettres dans ABAB.

Crée une suite de  de se suivent comme les lettres dans ABAB.

MARDI Sens du nombre

1. Combien y a-t-il de dizaines et d'unités?

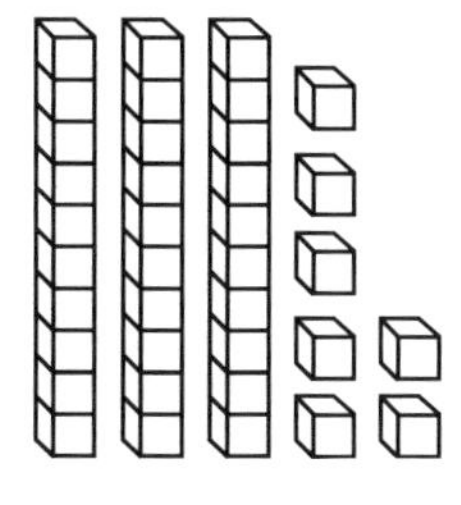

dizaines ______

unités ______

2. Quelle est la valeur totale de ces pièces de monnaie?

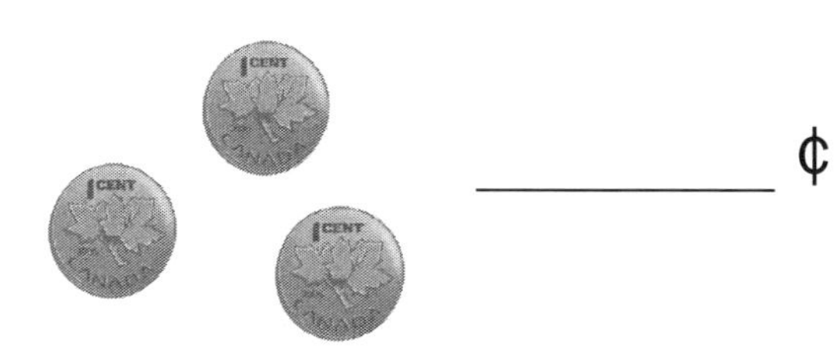

______ ¢

3. Trouve le nombre qui manque.

Juste après

6, 7, ______

4. Compte, puis écris le nombre.

______

MERCREDI — Géométrie et sens de l'espace

Colorie le **carré** en vert.

Colorie le **triangle** en jaune.

Colorie le **cercle** en bleu.

Colorie le **rectangle** en rouge.

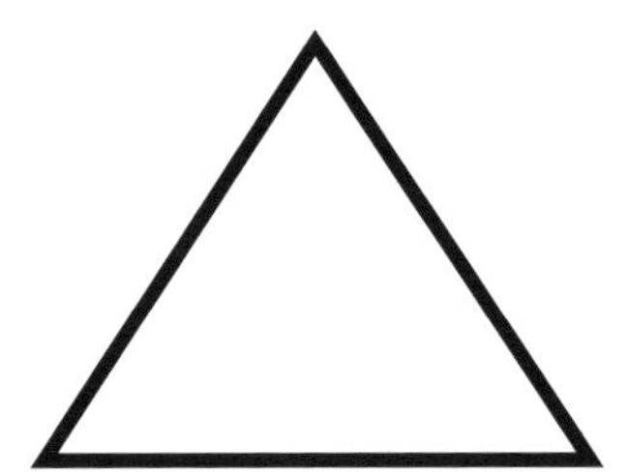

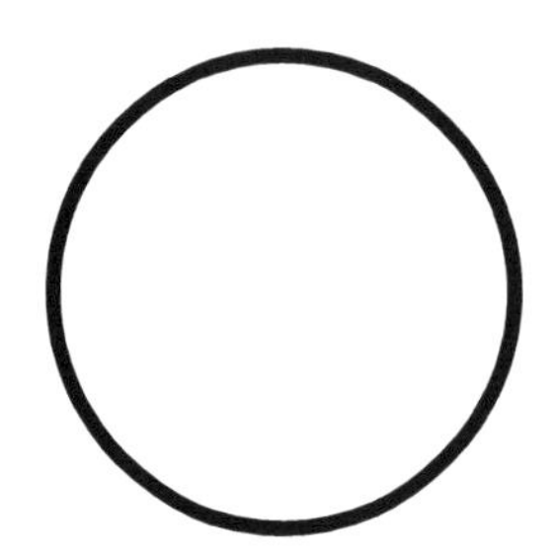

JEUDI — Mesure

1. Quelle heure est-il?

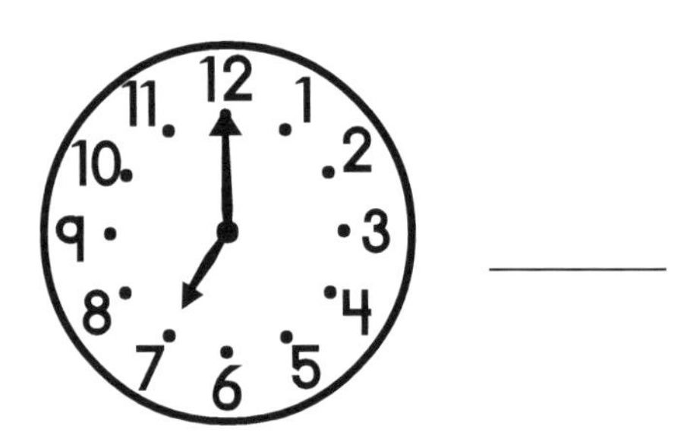

_______ h

2. Quel jour vient après lundi?

A. mardi B. vendredi

3. Mesure la longueur de la ligne.

Elle mesure environ _________  .

VENDREDI Traitement des données

Sers-toi du diagramme à pictogrammes pour répondre aux questions.

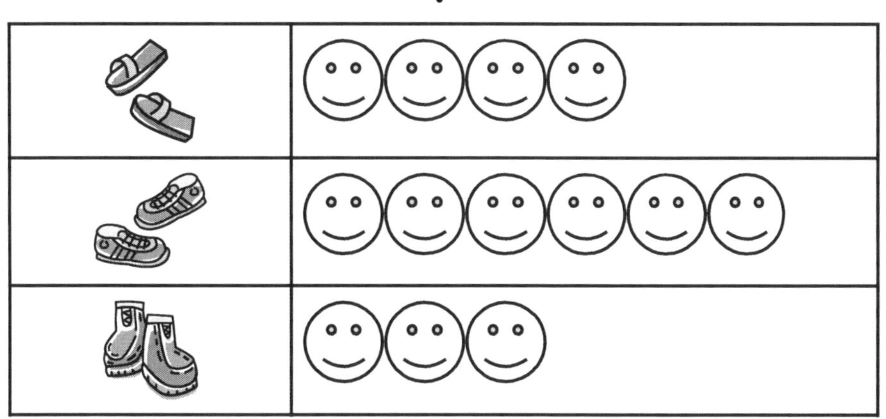

1. Combien y en a-t-il?  ______  ______  ______

2. Encercle les chaussures **les plus** populaires.   

3. Encercle les chaussures **les moins** populaires.   

RÉFLÉCHIS BIEN

Dessine un ensemble qui contient **le même nombre** de cercles.

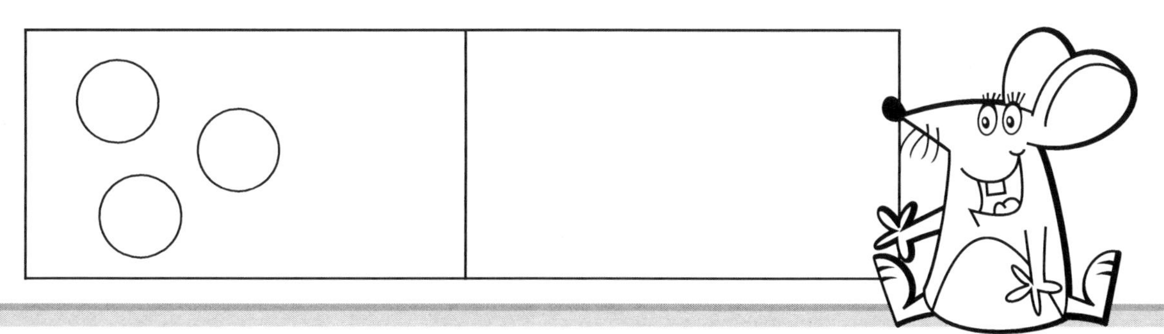

LUNDI Modélisation et algèbre

Crée une suite de □ de  se suivent comme les lettres dans AABB.

Crée une suite de △ t de  se suivent comme les lettres dans AABB.

MARDI Sens du nombre

1. Combien y a-t-il de dizaines et d'unités?

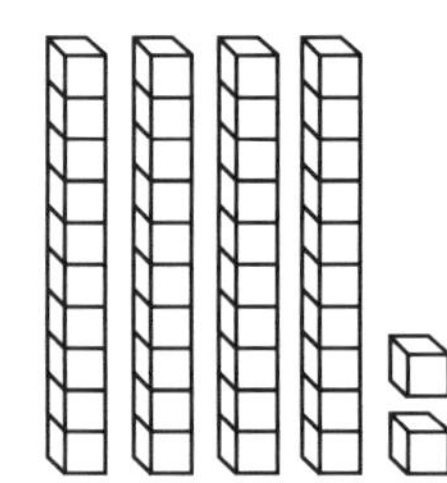

dizaines ______

unités ______

2. Quelle est la valeur totale de ces pièces de monnaie?

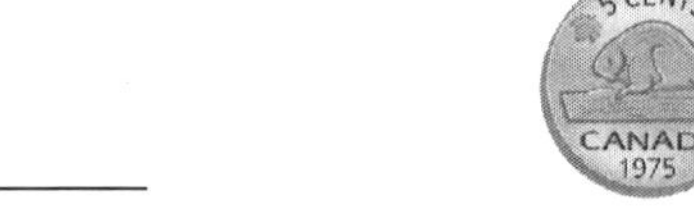

________ ¢

3. Trouve le nombre qui manque.

Entre

8, ______, 10

4. Encercle le **premier** hippopotame.

MERCREDI Géométrie et sens de l'espace

Combien y en a-t-il?

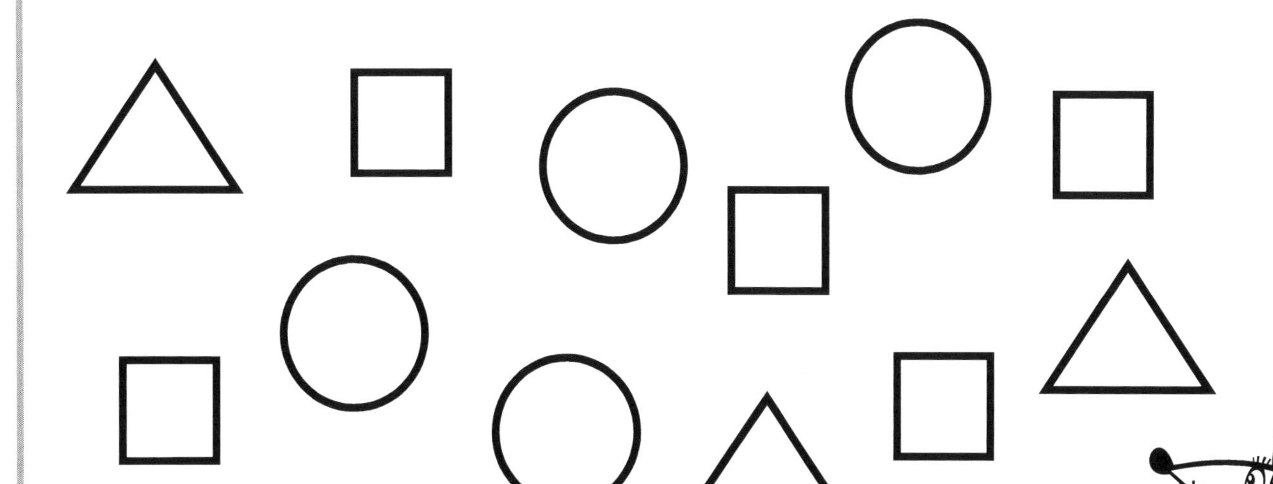

JEUDI Mesure

1. Quelle heure est-il?

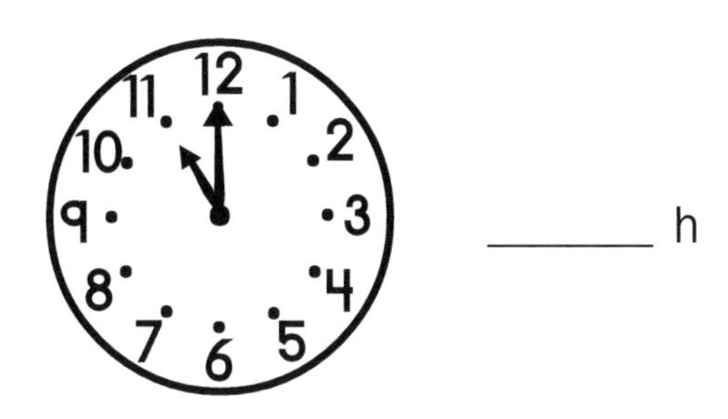

_______ h

2. Quel jour vient après samedi?

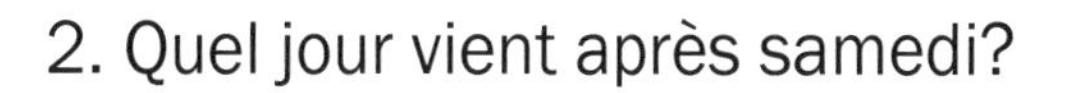

A. dimanche B. mercredi

3. Mesure la longueur de la ligne.

Elle mesure environ  .

VENDREDI Traitement des données

Sers-toi du tableau des effectifs pour répondre aux questions.

Activités préférées

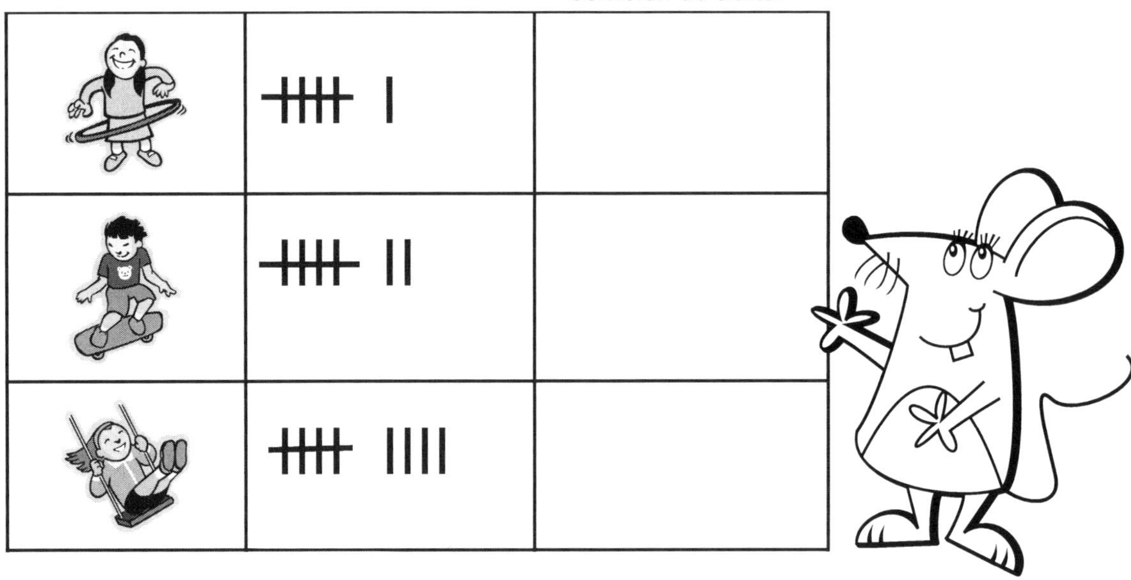

		Combien de traits?
(hula hoop)	卌 I	
(planche à roulettes)	卌 II	
(balançoire)	卌 IIII	

1. Encercle l'activité **la plus** populaire.

2. Encercle l'activité **la moins** populaire.

RÉFLÉCHIS BIEN

1. $6 + 3$

2. $1 + 2$

3. $2 - 1$

4. $7 - 5$

LUNDI Modélisation et algèbre

Crée une suite de □ et de △ qui se suivent comme les lettres dans ABB.

Crée une suite de couleurs qui se suivent comme les lettres dans AB.

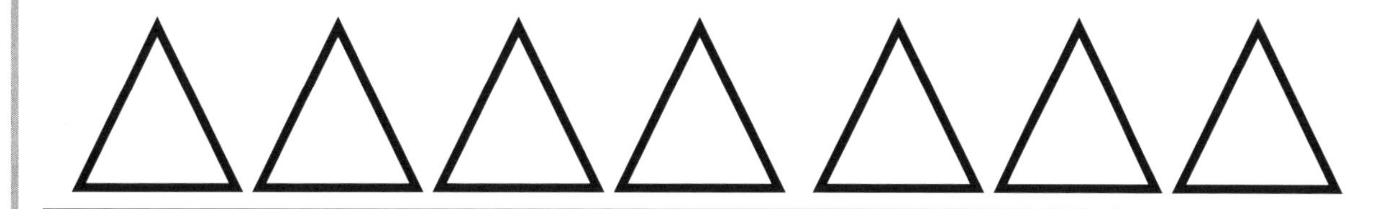

MARDI Sens du nombre

1. Combien y a-t-il de dizaines et d'unités?

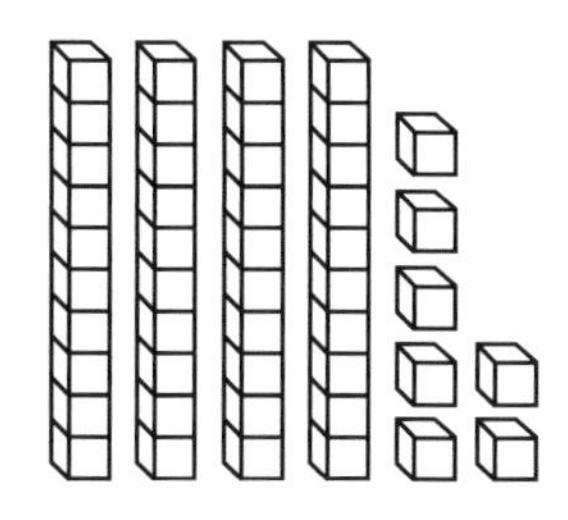

dizaines ______

unités ______

2. Quelle est la valeur totale de ces pièces de monnaie?

__________ ¢

3. Trouve le nombre qui manque.

Entre

12, ______, 14

4. Encercle le **troisième** hippopotame.

MERCREDI Géométrie et sens de l'espace

Fais un dessin en utilisant ces figures géométriques.

   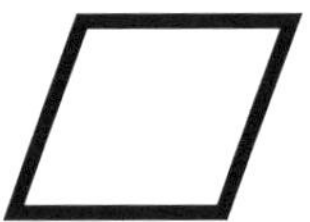 

JEUDI Mesure

1. Quelle heure est-il?

_______ heures et demie

2. Quel jour vient juste avant mercredi?

A. lundi B. mardi

3. Mesure la longueur de la ligne.

Elle mesure environ _______  .

VENDREDI Traitement des données

Sers-toi du diagramme à bandes pour répondre aux questions.

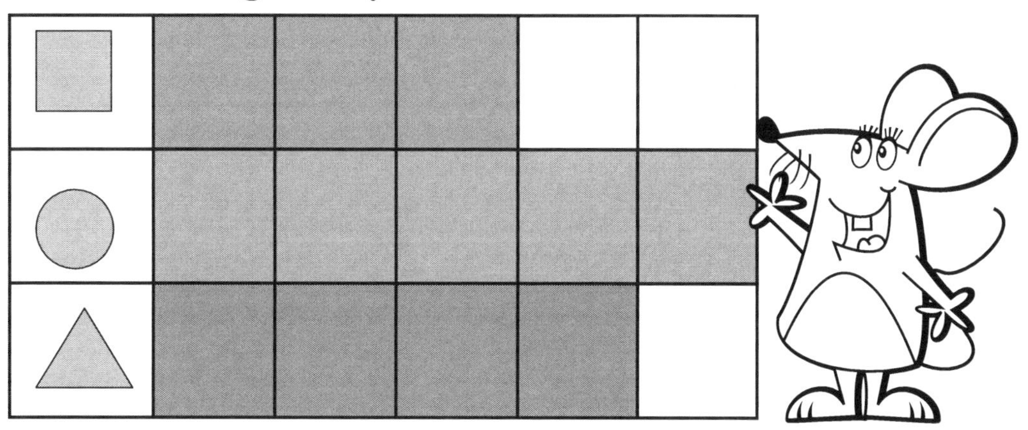

1. Combien de personnes ont choisi chaque figure?

 _____ 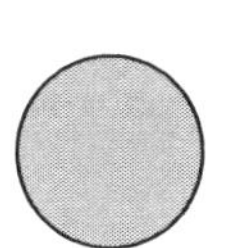 _____ 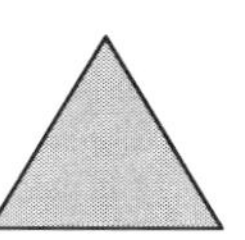 _____

2. Encercle la figure **la plus** populaire.

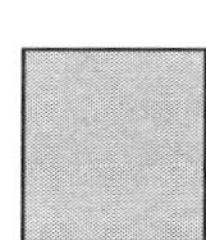 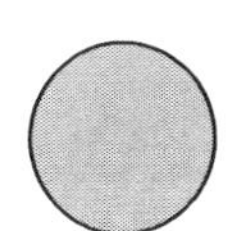 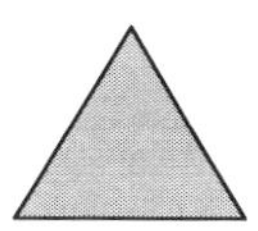

3. Encercle la figure **la moins** populaire.

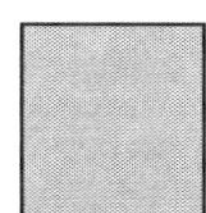 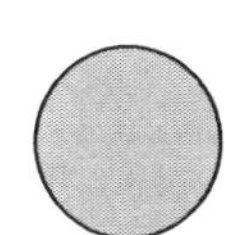 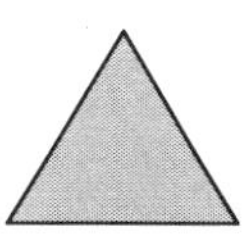

RÉFLÉCHIS BIEN

1. $4 + 3$

2. $8 + 2$

3. $6 - 4$

4. $9 - 3$

LUNDI Modélisation et algèbre

Crée une suite de couleurs qui se suivent comme les lettres dans ABC.

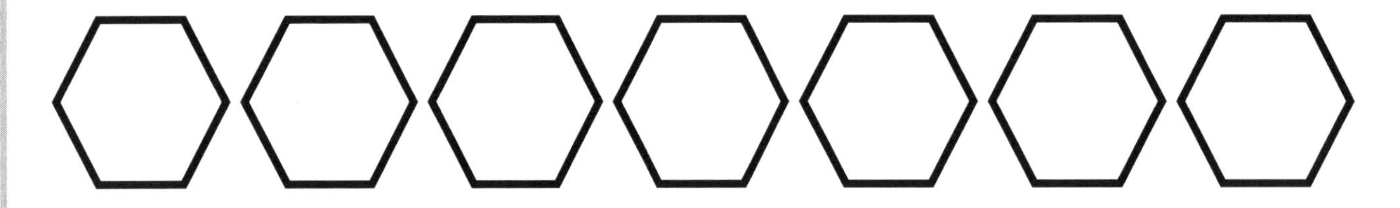

Crée une suite avec des ☐ des 

____

MARDI Sens du nombre

1. Combien y a-t-il de dizaines et d'unités?

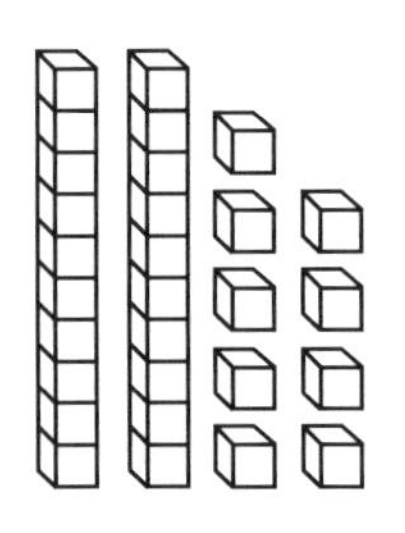

dizaines ______

unités ______

2. Quelle est la valeur totale de ces pièces de monnaie?

__________ ¢

3. Trouve le nombre qui manque.

Juste avant

______, 22, 23

4. Compte, puis écris le nombre.

____

MERCREDI Géométrie et sens de l'espace

Colorie **l'hexagone** en vert.

Colorie **le cercle** en jaune.

Colorie **le triangle** en bleu.

Colorie **le parallélogramme** en rouge.

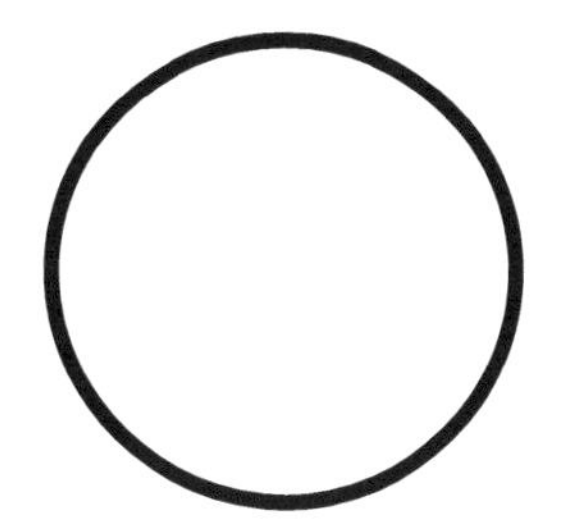
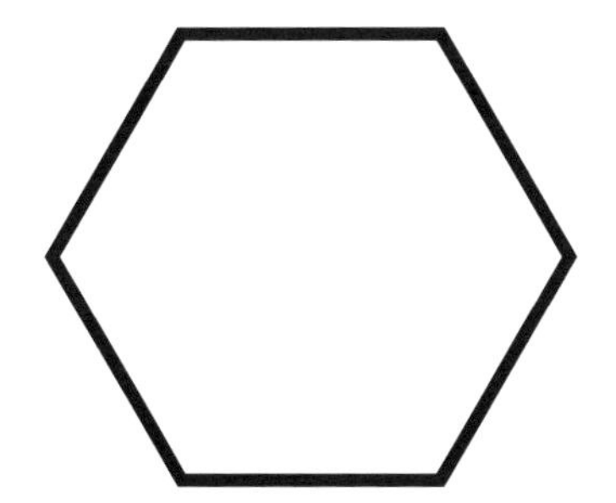
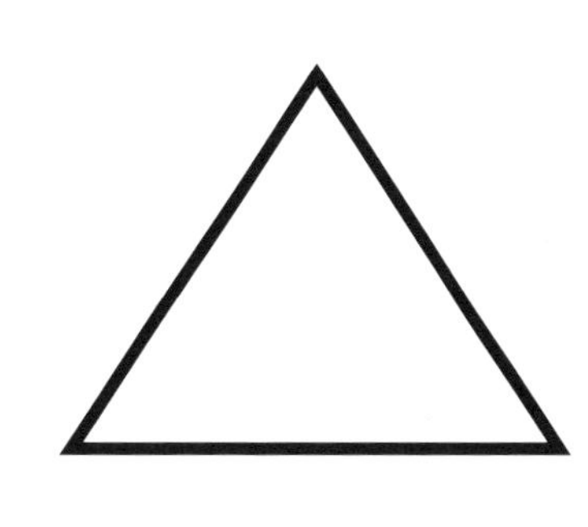

JEUDI Mesure

1. Quelle heure est-il?

______ heures et demie

2. Quel jour vient après mercredi?

A. jeudi

B. mardi

3. Mesure la longueur de la ligne.

Elle mesure environ ________  .

VENDREDI Traitement des données

Sers-toi du diagramme à bandes pour répondre aux questions.

Ballons préférés

1. Combien de personnes ont choisi chaque ballon?

 ______  ______  ______

2. Encercle le ballon **le plus** populaire.

3. Encercle le ballon **le moins** populaire.

RÉFLÉCHIS BIEN

1. $4 + 4$

2. $5 + 7$

3. $9 - 7$

4. $7 - 2$

LUNDI Modélisation et algèbre

Crée une suite de couleurs qui se suivent comme les lettres dans AAB.

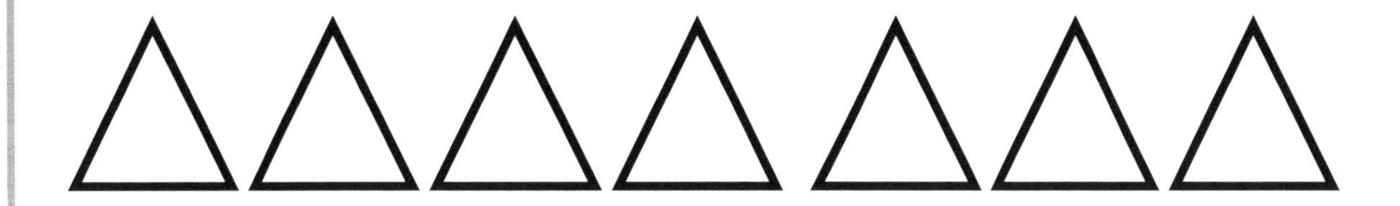

Crée une suite de t de se suivent comme les lettres dans ABB.

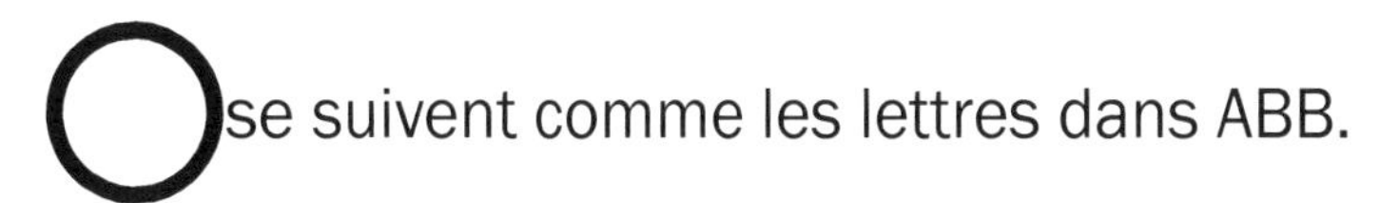

____

MARDI Sens du nombre

1. Combien y a-t-il de dizaines et d'unités?

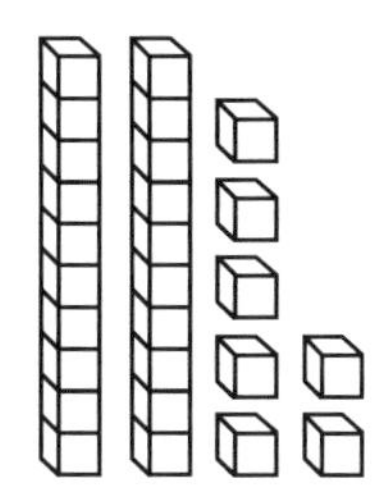

dizaines ______

unités ______

2. Quelle est la valeur totale de ces pièces de monnaie?

__________ ¢

3. Trouve le nombre qui manque.

Juste avant

_____, 31, 32

4. Encercle le **quatrième** hippopotame.

MERCREDI Géométrie et sens de l'espace

Trace 5  Trace 4  Trace 3 

JEUDI Mesure

1. Quelle heure est-il?

______ heures
et demie

2. Quel jour vient juste après dimanche?

A. lundi

B. mardi

3. Mesure la longueur de la ligne.

Elle mesure environ _________ .

VENDREDI Traitement des données

Sers-toi du diagramme à bandes pour répondre aux questions.

Activités hivernales préférées

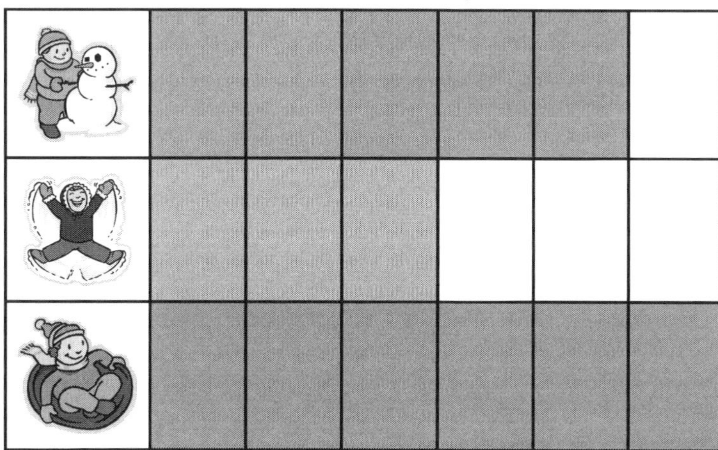

1. Combien de personnes ont choisi chaque activité?

 ______  ______  ______

2. Encercle l'activité **la plus** populaire.

3. Encercle l'activité **la moins** populaire.

RÉFLÉCHIS BIEN

1.
$$\begin{array}{r} 2 \\ +\ 7 \\ \hline \end{array}$$

2.
$$\begin{array}{r} 3 \\ +\ 5 \\ \hline \end{array}$$

3.
$$\begin{array}{r} 3 \\ -\ 2 \\ \hline \end{array}$$

4.
$$\begin{array}{r} 8 \\ -\ 4 \\ \hline \end{array}$$

LUNDI Modélisation et algèbre

Crée une suite de couleurs qui se suivent comme les lettres dans AABB.

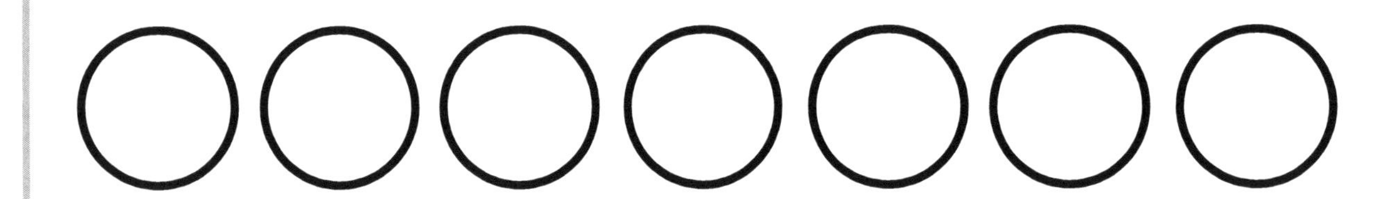

Crée une suite de couleurs qui se suivent comme les lettres dans AB.

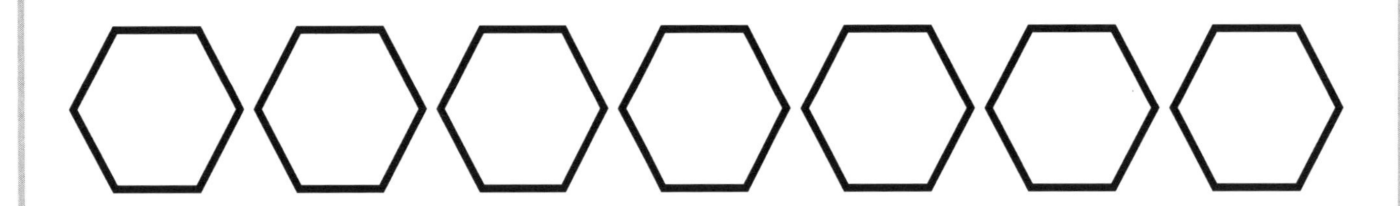

MARDI Sens du nombre

1. Combien y a-t-il de dizaines et d'unités?

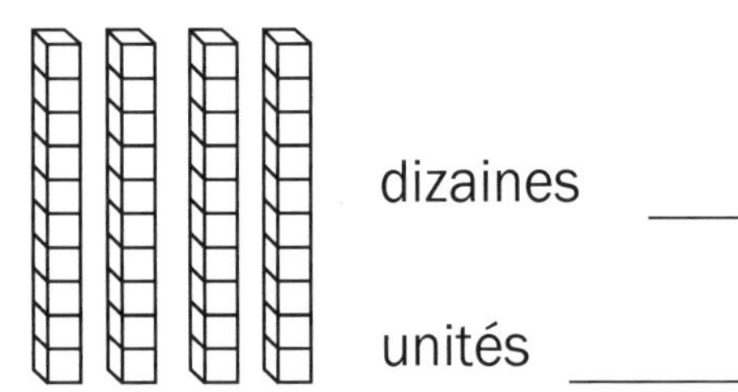

dizaines ______

unités ______

2. Quelle est la valeur totale de ces pièces de monnaie?

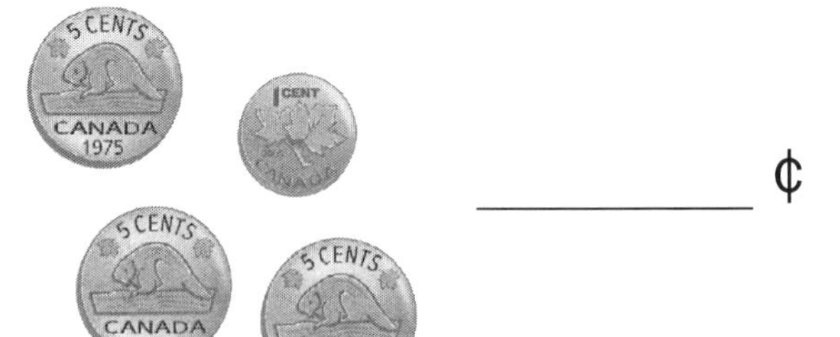

__________ ¢

3. Trouve le nombre qui manque.

Entre

19, ______, 21

4. Encercle **le plus grand** nombre.

9 12

MERCREDI Géométrie et sens de l'espace

Combien y en a-t-il?

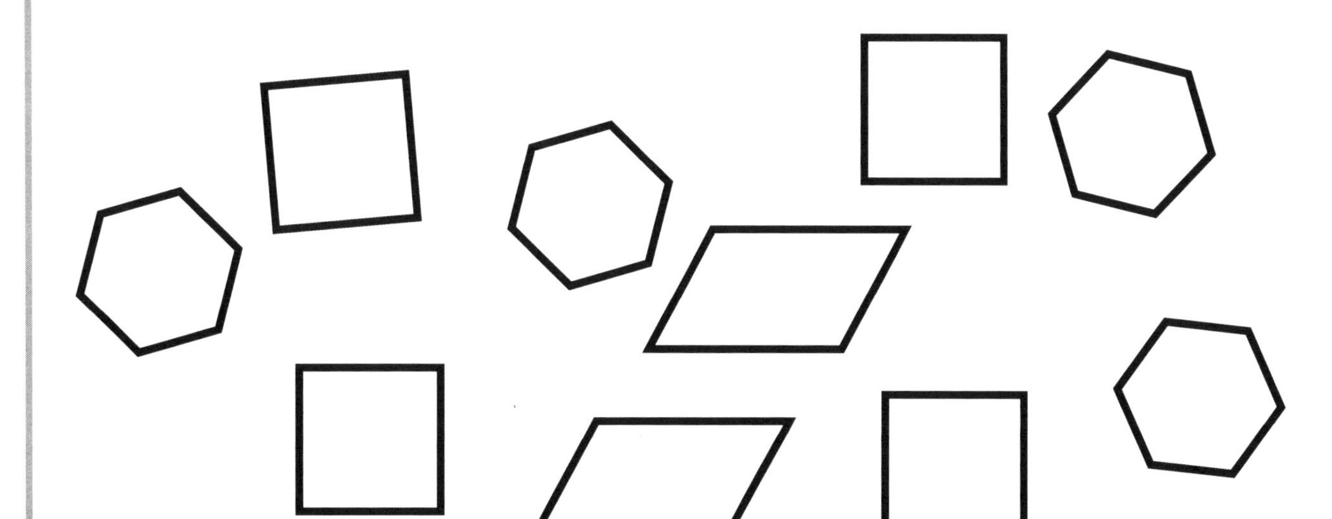

JEUDI Mesure

1. Quelle heure est-il?

______ heures et demie

2. Lequel des poissons est **le plus petit**?

A.  B. C. 

3. Mesure la longueur de la ligne.

Elle mesure environ ________ .

VENDREDI Traitement des données

Sers-toi du diagramme à bandes pour répondre aux questions.

Activités préférées

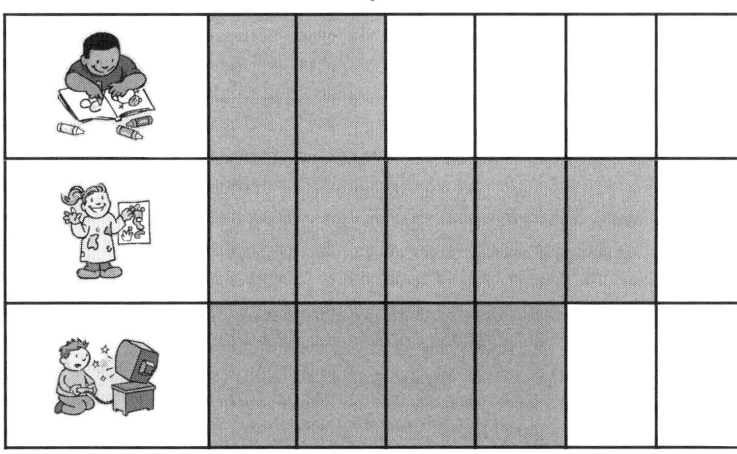

1. Combien de personnes ont voté pour chaque activité?

 ______  ______  ______

2. Encercle l'activité **la plus** populaire.

3. Encercle l'activité **la moins** populaire.

RÉFLÉCHIS BIEN

1. $3 + 9 =$ ______

2. $4 + 6 =$ ______

3. $10 - 4 =$ ______

4. $5 - 1 =$ ______

LUNDI Modélisation et algèbre

Crée une suite de couleurs qui se suivent comme les lettres dans AABB.

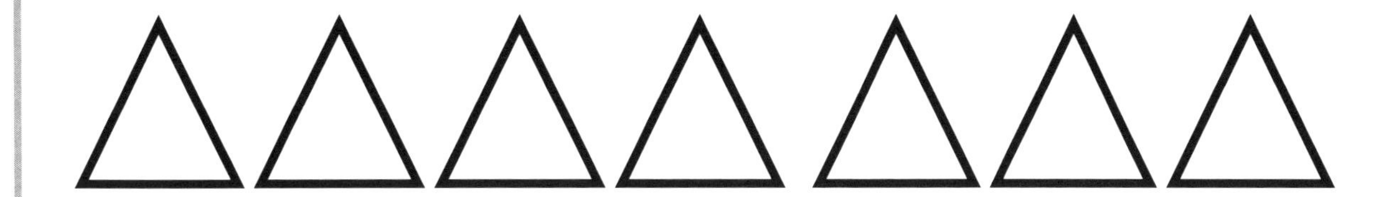

Crée une suite de couleurs qui se suivent comme les lettres dans ABB.

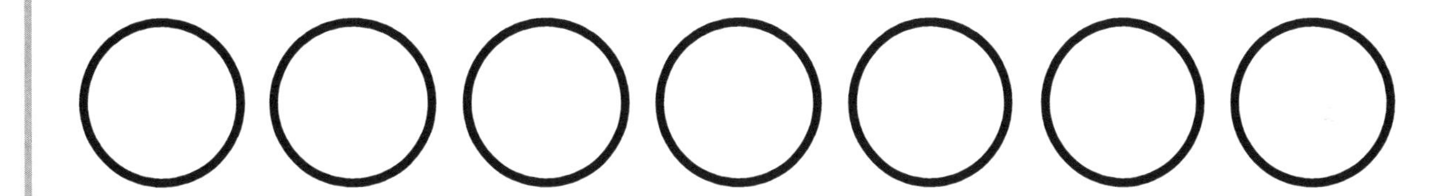

MARDI Sens du nombre

1. Combien y a-t-il de dizaines et d'unités?

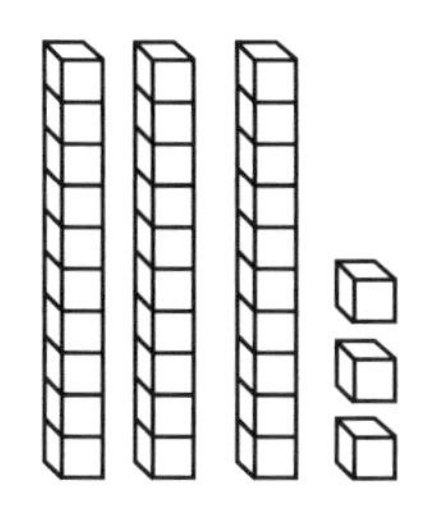

dizaines ______

unités ______

2. Quelle est la valeur totale de ces pièces de monnaie?

______ ¢

3. Trouve le nombre qui manque.

Juste après

15, 16, ______

4. Encercle **le plus petit** nombre.

18 22

MERCREDI Géométrie et sens de l'espace

Colorie **l'octogone** en rouge.

Colorie le **carré** en jaune.

Colorie le **triangle** en vert.

Colorie le **parallélogramme** en bleu.

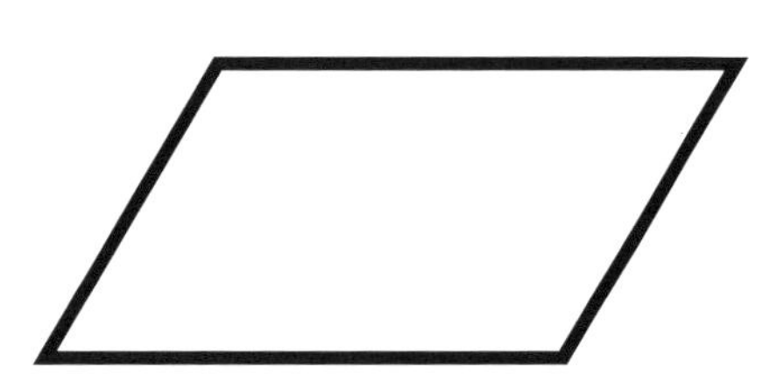

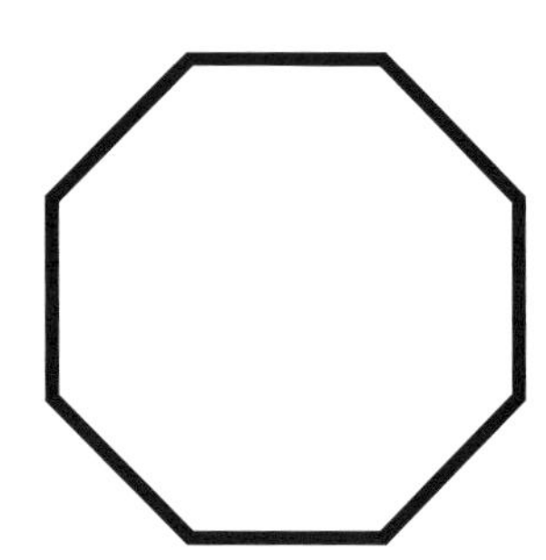

JEUDI Mesure

1. Quelle heure est-il?

______ heure et demie

2. Lequel des récipients contient **le moins** de liquide?

A. 

B. 

3. Mesure la longueur de la ligne.

Elle mesure environ ________  .

VENDREDI Traitement des données

Sers-toi du diagramme à bandes pour répondre aux questions.

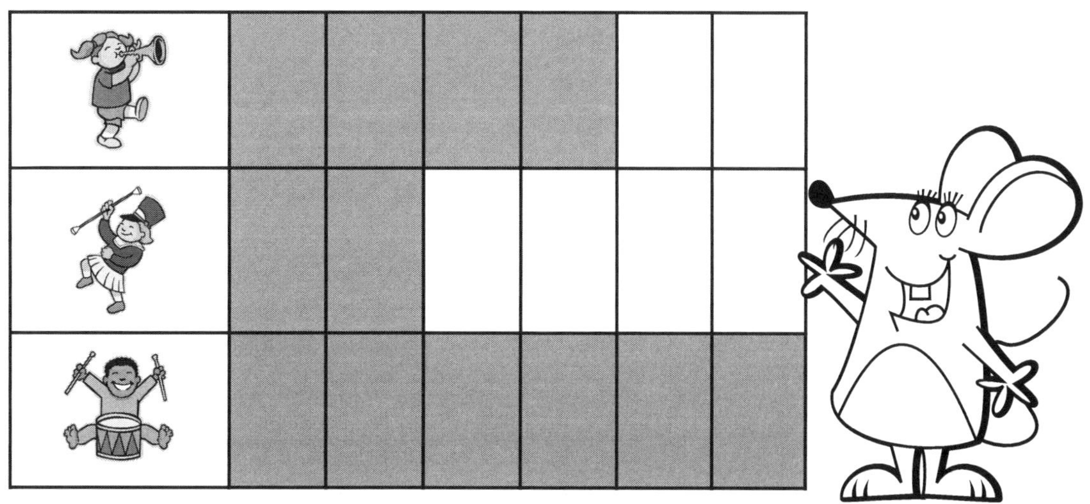

1. Combien de personnes ont choisi chaque activité?

 ______  ______  ______

2. Encercle l'activité **la plus** populaire.

3. Encercle l'activité **la moins** populaire.

RÉFLÉCHIS BIEN

1. $\begin{array}{r} 6 \\ +\ 5 \\ \hline \end{array}$

2. $\begin{array}{r} 5 \\ +\ 5 \\ \hline \end{array}$

3. $\begin{array}{r} 12 \\ -\ \ 4 \\ \hline \end{array}$

4. $\begin{array}{r} 6 \\ -\ 3 \\ \hline \end{array}$

LUNDI Modélisation et algèbre

Crée une suite de couleurs qui se suivent comme les lettres dans AAB.

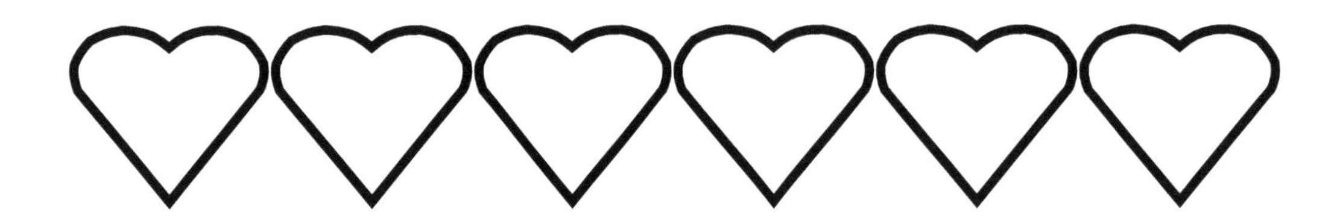

1. $7 + 2 =$ ______

2. $5 - 5 =$ ______

3. $9 + 2 =$ ______

4. $8 - 7 =$ ______

MARDI Sens du nombre

1. Combien y a-t-il de dizaines et d'unités?

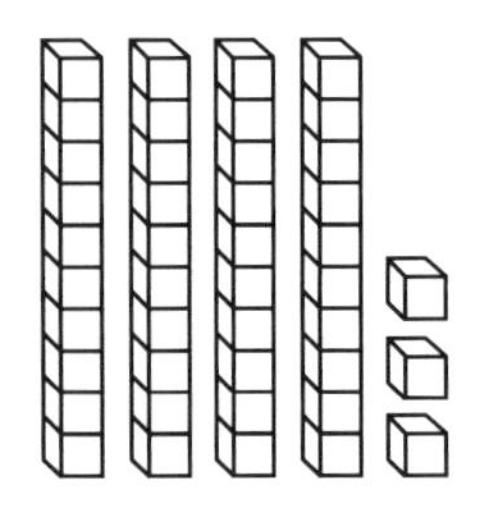

dizaines ______

unités ______

2. Quelle est la valeur totale de ces pièces de monnaie?

______ ¢

3. Ordonne ces nombres, du **plus petit** au **plus grand**.

19, 20, 18

______, ______, ______

4. Colorie 1/2 de cette figure.

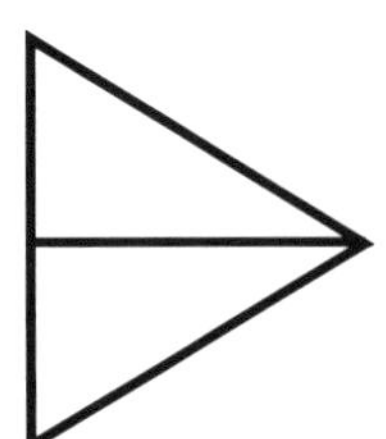

MERCREDI Géométrie et sens de l'espace

1. Colorie les figures qui ont la **même forme** et la **même grandeur**.

2. Quel est le nom de cette figure à trois dimensions?

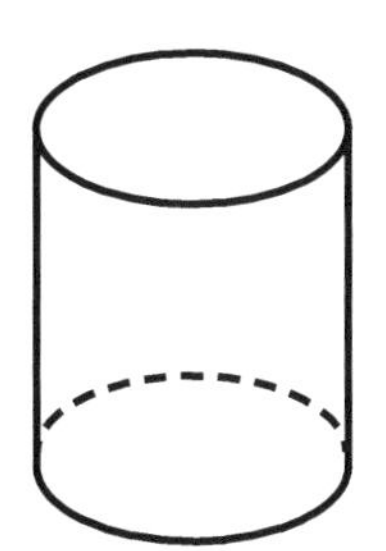

A. cylindre

B. pyramide

3. Quelle figure est **à l'intérieur** du **cercle**?

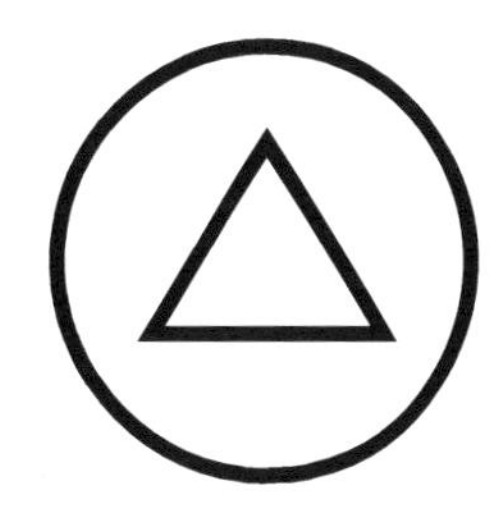

A. triangle

B. carré

JEUDI Mesure

1. Quelle heure est-il?

______ heures et demie

2. Encercle l'objet que tu utilises pour mesurer la température.

A. 

B.  

3. Mesure la longueur de la ligne.

Elle mesure environ ______ .

VENDREDI Traitement des données

Compte les poissons et complète le diagramme à bandes.

Diagramme des poissons préférés

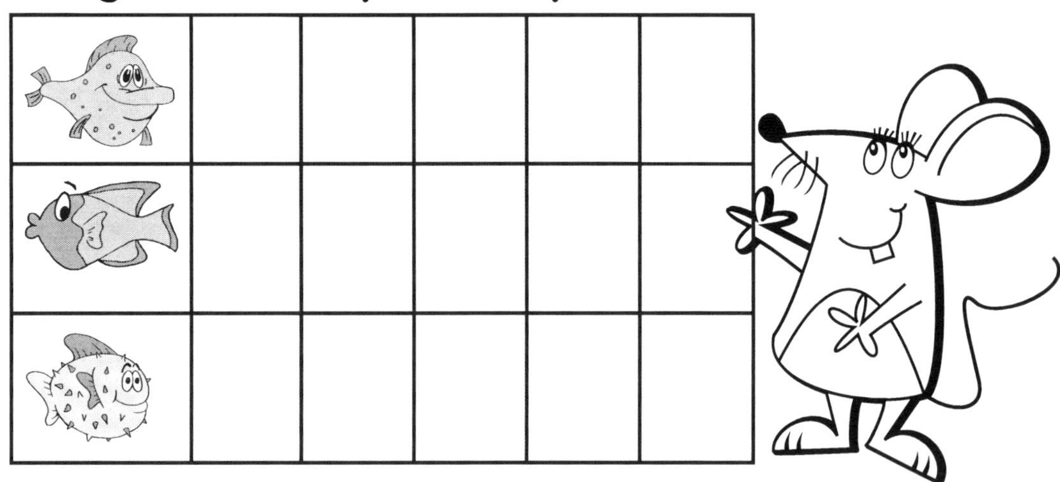

Quel poisson est
le plus populaire?

RÉFLÉCHIS BIEN

Compte par intervalles de deux.

2 _____ _____ _____ _____ _____

LUNDI Modélisation et algèbre

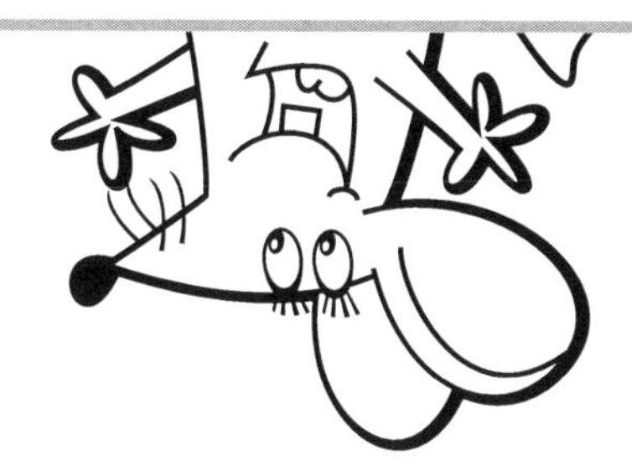

Crée une suite de □ de ♡ se suivent comme les lettres AB.

---

1. 2 + 2 = ______

2. 10 – 4 = ______

3. 6 + 6 = ______

4. 12 – 7 = ______

MARDI Sens du nombre

1. Combien y a-t-il de dizaines et d'unités?

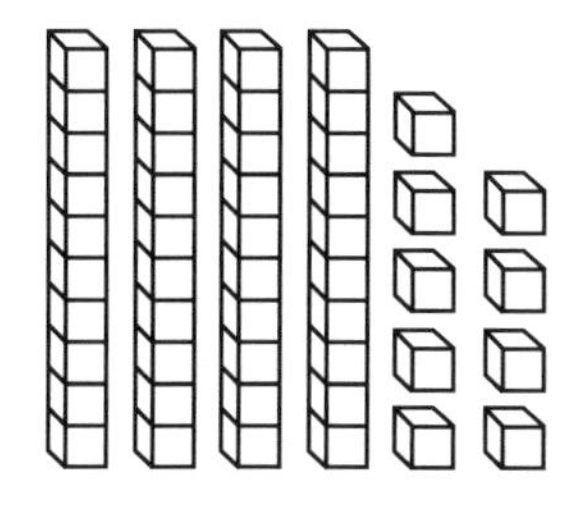

dizaines ______

unités ______

2. Quelle est la valeur totale de ces pièces de monnaie?

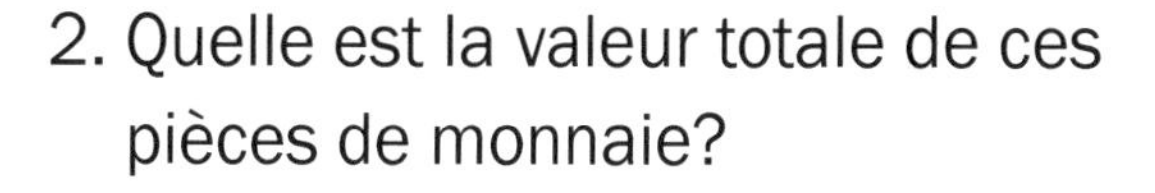

______ ¢

3. Ordonne ces nombres, du **plus petit** au **plus grand**.

11, 15, 13

______, ______, ______

4. Colorie 1/2 de cette figure.

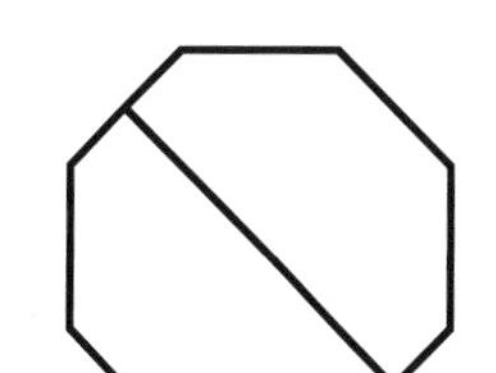

MERCREDI Géométrie et sens de l'espace

1. Colorie les figures qui ont la **même forme** et la **même grandeur**.

2. Quel est le nom de cette figure à trois dimensions?

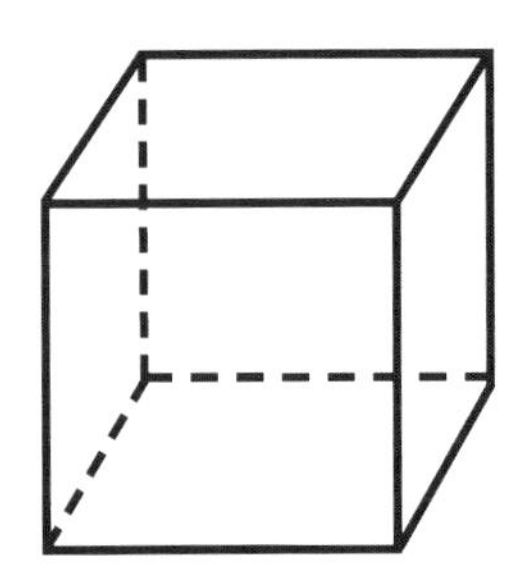

A. cylindre

B. cube

3. Quelle figure est **à l'intérieur** du **triangle**?

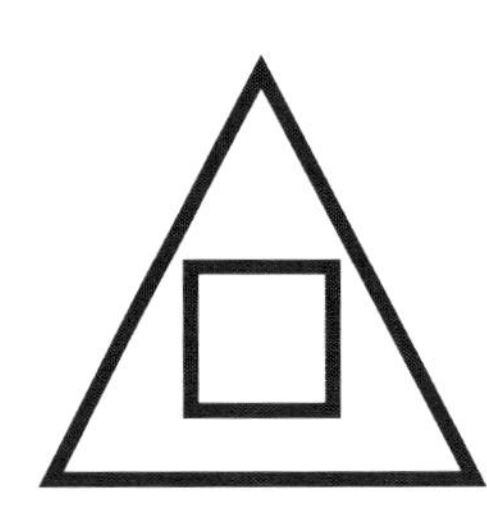

A. cercle

B. carré

JEUDI Mesure

1. Quelle heure est-il?

______ heures et demie

2. Encercle l'objet que tu utilises pour trouver la date.

A. 

B.

3. Mesure la longueur de la ligne.

Elle mesure environ ________  .

VENDREDI Traitement des données

Compte les animaux et complète le diagramme à bandes.

Diagramme des animaux préférés

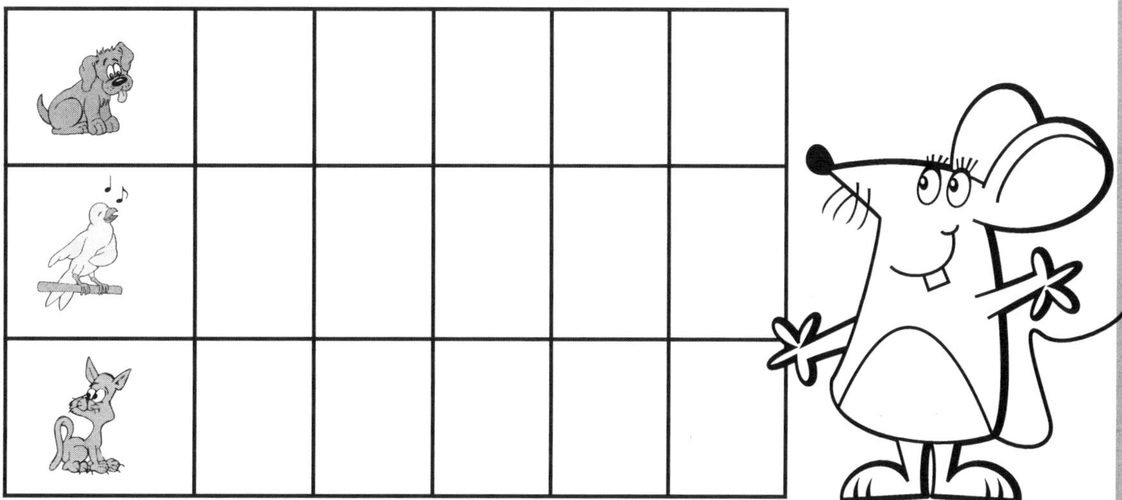

Combien y en a-t-il?  ________  ________  ________

RÉFLÉCHIS BIEN

Compte par intervalles de 5.

5 ____ ____ ____ ____ ____

LUNDI Modélisation et algèbre

Crée une suite de  et de qui se suivent comme les lettres AAB.

1. 4 + 2 = ______

2. 4 - 3 = ______

3. 5 + 7 = ______

4. 1 - 0 = ______

MARDI Sens du nombre

1. Combien y a-t-il de dizaines et d'unités?

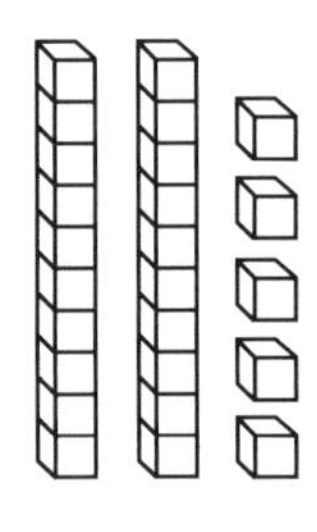

dizaines ______

unités ______

2. Quelle est la valeur totale de ces pièces de monnaie?

______ ¢

3. Ordonne ces nombres, du **plus grand** au **plus petit**.

13, 18, 11

______ , ______ , ______

4. Colorie 1/2 de cette figure.

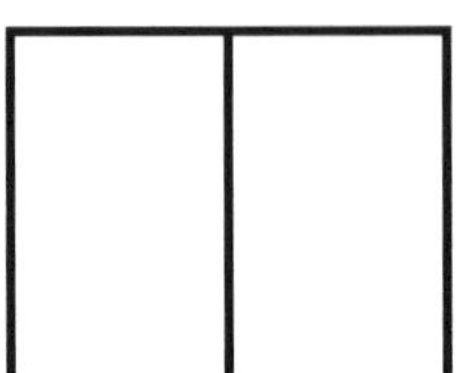

MERCREDI Géométrie et sens de l'espace

1. Colorie les **hexagones** en rouge. Colorie les **triangles** en jaune. Colorie les **cercles** en bleu. Colorie le **parallélogramme** en vert.

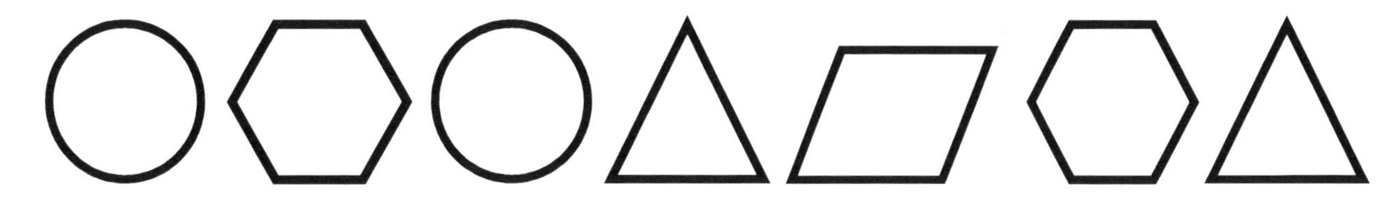

2. Quel est le nom de cette figure à trois dimensions?

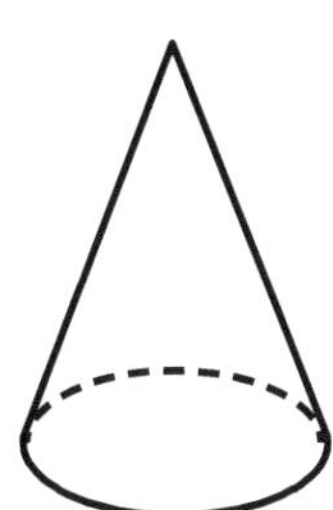

A. cône

B. pyramide

3. Quelle figure est **à côté** du **triangle**?

A. cercle

B. carré

JEUDI Mesure

1. Quelle heure est-il?

______ heures et demie

2. Encercle l'objet que tu utilises pour mesurer la longueur d'un livre.

A. 

B. 

3. Mesure la longueur de la ligne.

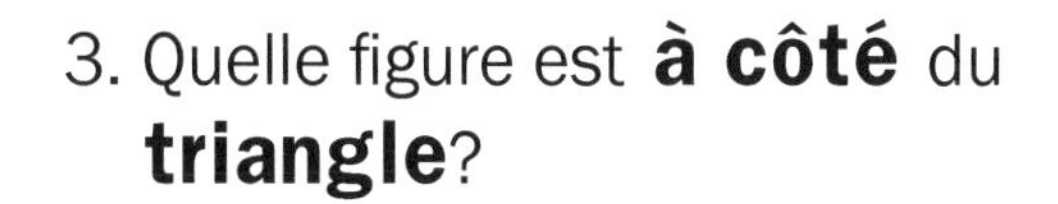

Elle mesure environ ________  .

VENDREDI Traitement des données

Compte les collations et complète le diagramme à bandes.

Diagramme des collations préférées

Combien y en a-t-il?  ________  ________  ________

RÉFLÉCHIS BIEN

Combien y a-t-il de groupes de 10? ________

Combien d'hippopotames reste-t-il? ________

Combien y a-t-il d'hippopotames en tout? ________

LUNDI Modélisation et algèbre

Crée une suite de couleurs qui se suivent comme les lettres dans ABB.

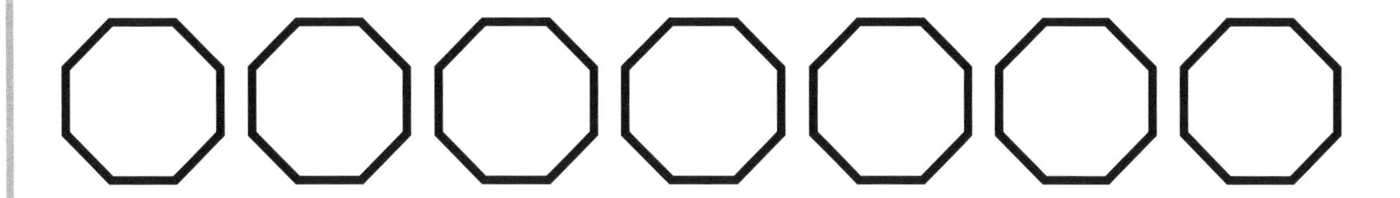

1. 5 + 2 = ______

2. 9 - 1 = ______

3. 3 + 7 = ______

4. 7 - 6 = ______

MARDI Sens du nombre

1. Combien y a-t-il de dizaines et d'unités?

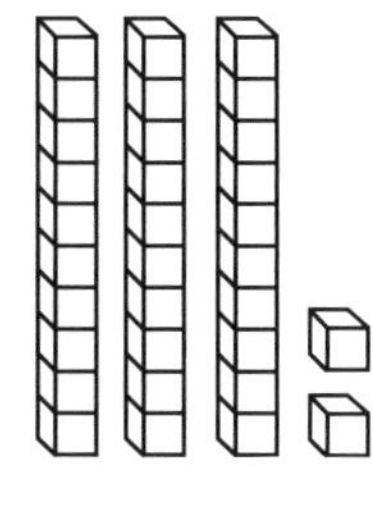

dizaines ______

unités ______

2. Quelle est la valeur totale de ces pièces de monnaie?

__________ ¢

3. Ordonne ces nombres, du **plus grand** au **plus petit**.

20, 14, 12

______, ______, ______

4. Colorie 1/4 de cette figure.

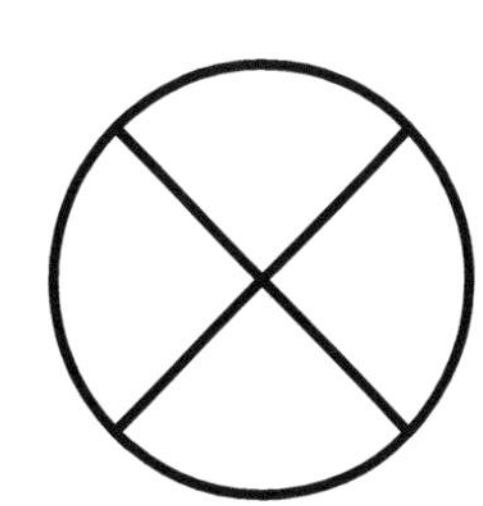

MERCREDI — Géométrie et sens de l'espace

1. Colorie les **octogones** en rouge.
   Colorie les **pentagones** en jaune.
   Colorie le **carré** en vert.
   Colorie les **rectangles** en jaune.

 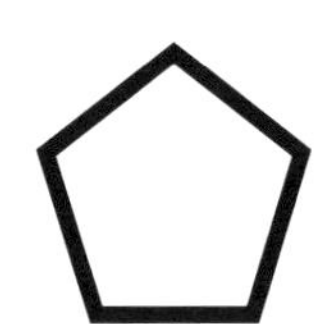  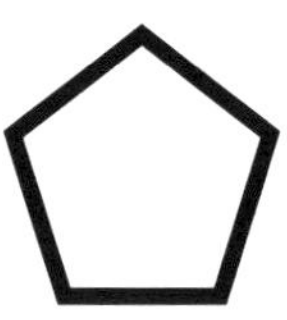  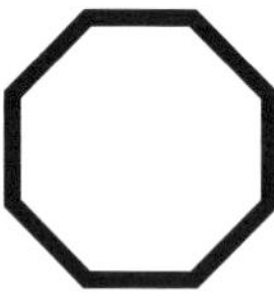

2. Quel est le nom de cette figure à trois dimensions?

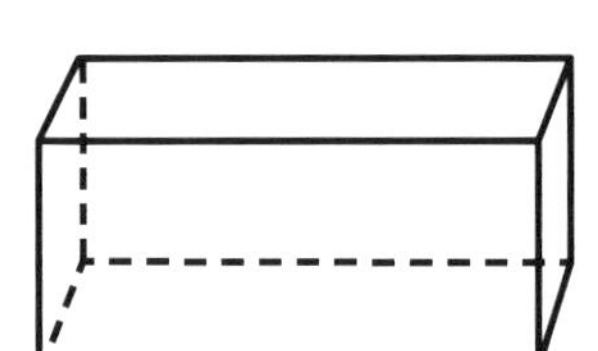

A. prisme droit à base rectangulaire

B. cône

3. Quelle figure est **en dessous** du **carré**?

A. cercle

B. triangle

JEUDI — Mesure

1. Quelle heure est-il?

_____ heures et demie

2. Encercle l'objet que tu utilises pour mesurer la masse des bananes.

A. 

B. 

3. Mesure la longueur de la ligne.

Elle mesure environ _______  .

VENDREDI Traitement des données

Compte les figures et complète le diagramme à bandes.

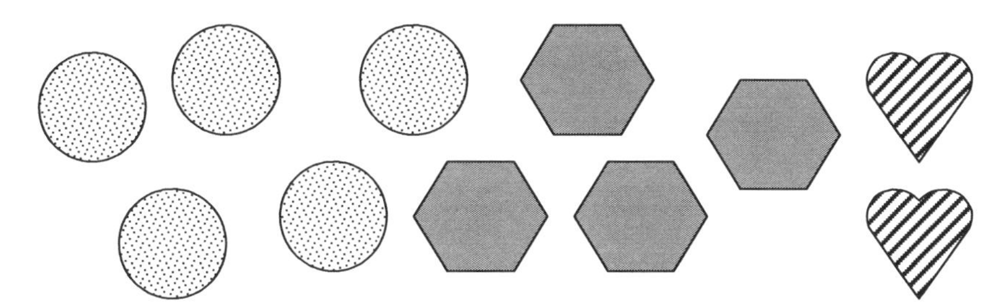

Diagramme des figures préférées

Combien y en a-t-il? 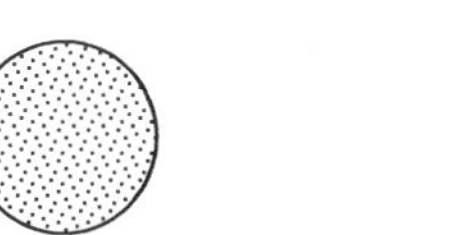 ________  ________ 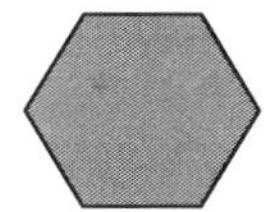 ________

RÉFLÉCHIS BIEN

Combien y a-t-il de groupes de 10? ________

Combien de licornes reste-t-il? ________

Combien y a-t-il de licornes en tout? ________

LUNDI Modélisation et algèbre

Crée une suite de ▢ de ▢ se suivent comme les lettres AB.

1. 0 + 6 = ______

2. 10 - 2 = ______

3. 1 + 8 = ______

4. 6 - 5 = ______

MARDI Sens du nombre

1. Combien y a-t-il de dizaines et d'unités?

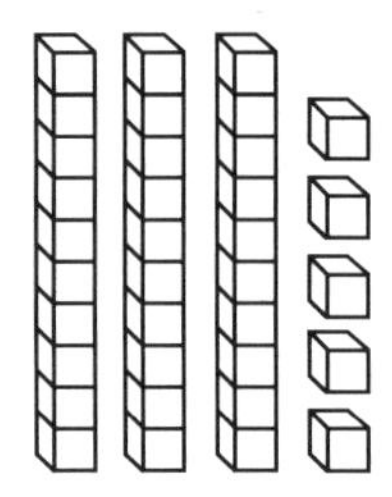

dizaines ______

unités ______

2. Quelle est la valeur totale de ces pièces de monnaie?

________ ¢

3. Ordonne ces nombres, du **plus grand** au **plus petit**.

30, 11, 26

______ , ______, ______

4. Colorie 1/4 de cette figure.

MERCREDI Géométrie et sens de l'espace

1. Colorie les **pentagones** en rouge. Colorie le **triangle** en bleu. Colorie les **octogones** en orange. Colorie les **cercles** en vert.

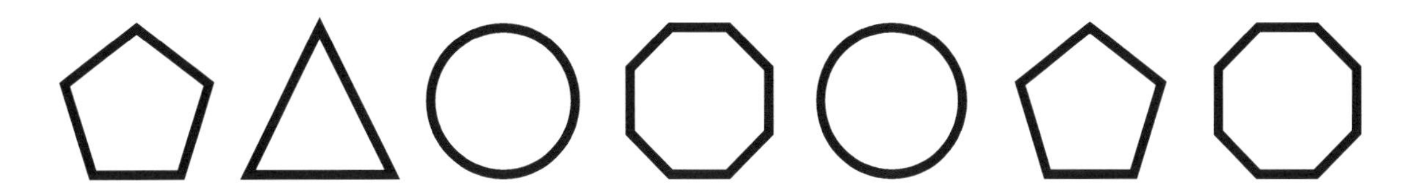

2. Quel est le nom de cette figure à trois dimensions?

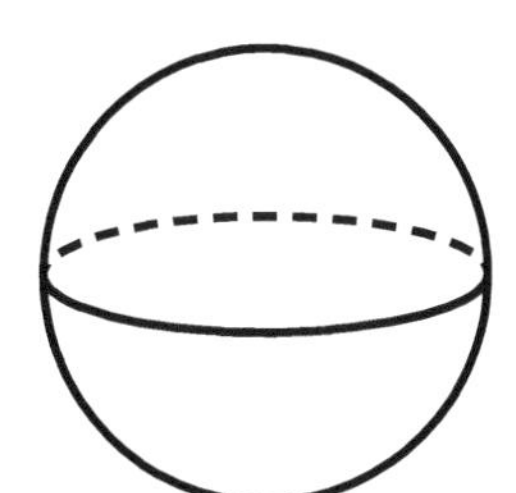

A. sphère

B. cône

3. Quelle figure est **au-dessus** du **triangle**?

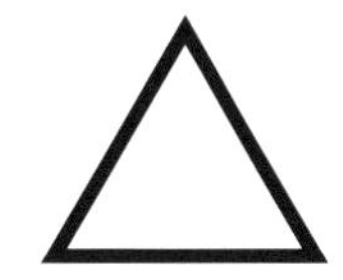

A. cercle

B. rectangle

JEUDI Mesure

1. Quelle heure est-il?

_____ heures et demie

2. Encercle l'objet que tu utilises pour mesurer un liquide.

A. TASSE

B. 

3. Mesure la longueur de la ligne.

Elle mesure environ _______  .

VENDREDI Traitement des données

Compte les images et complète le diagramme à bandes.

Diagramme des gâteries préférées

Combien y en a-t-il?  ______  ______  ______

RÉFLÉCHIS BIEN

Combien y a-t-il de groupes de 10? ________

Combien de tortues reste-t-il? ________

Combien y a-t-il de tortues en tout? ________

LUNDI Modélisation et algèbre

Crée une suite de  de  de 

se suivent comme les lettres ABC.

____

1. $7 + 4 =$ _______

2. $10 - 1 =$ _______

3. $10 + 2 =$ _______

4. $6 - 3 =$ _______

MARDI Sens du nombre

1. Combien y a-t-il de dizaines et d'unités?

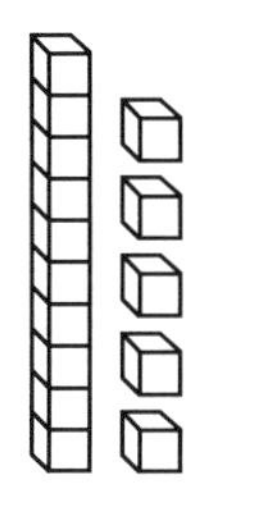

dizaines _______

unités _______

2. Quelle est la valeur totale de ces pièces de monnaie?

+  = _________ ¢

3. Écris ce nombre en chiffres.

trois _________

4. Colorie 1/3 de cette figure.

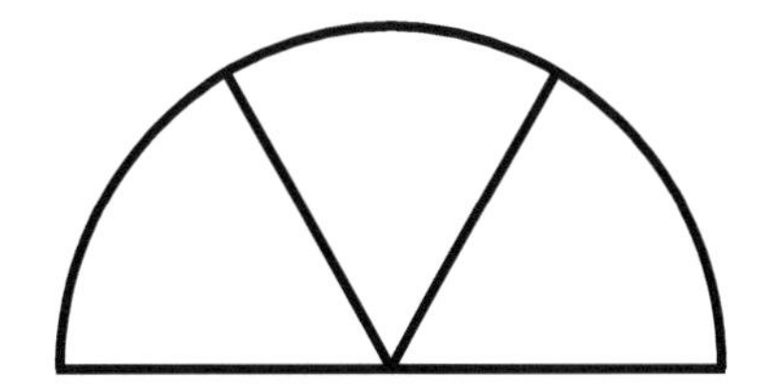

MERCREDI Géométrie et sens de l'espace

1. Colorie en rouge les figures qui ont **plus de 3 côtés**.

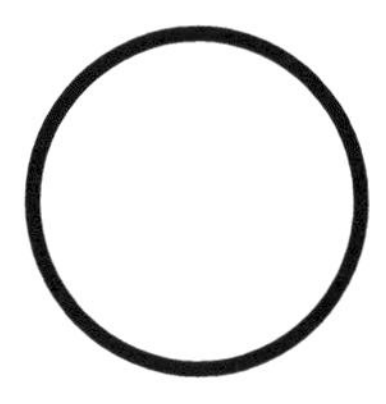 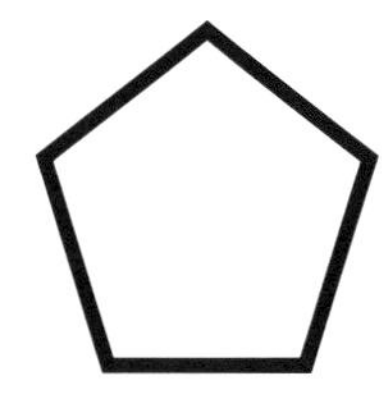 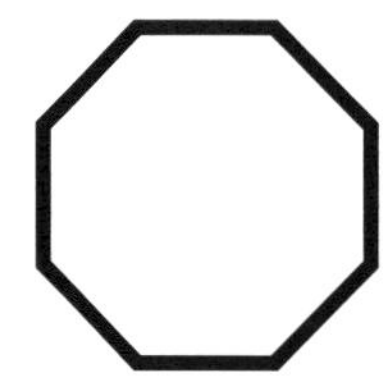 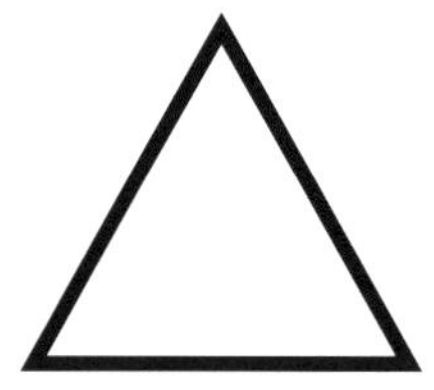

2. Quel est le nom de cette figure à trois dimensions?

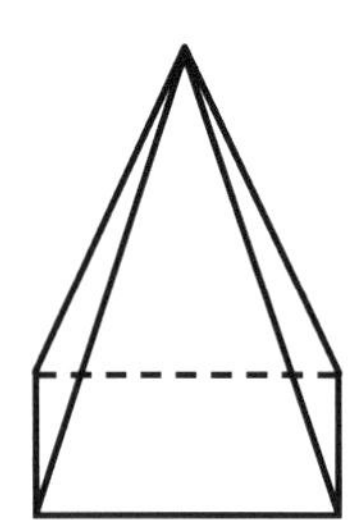

A. sphère

B. pyramide

3. Quelle figure est **à l'intérieur** du **cercle**?

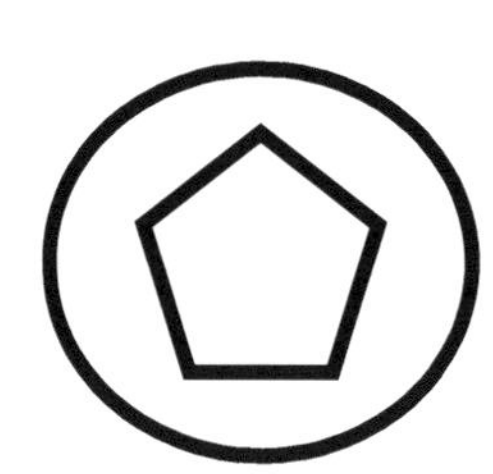

A. pentagone

B. rectangle

JEUDI Mesure

1. Quelle heure est-il?

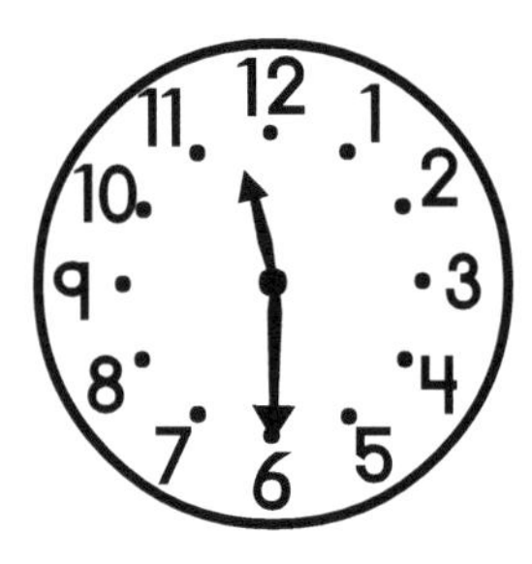

_____ heures et demie

2. Combien y a-t-il de mois dans une année?

____

3. Mesure la longueur de la ligne.

____

Elle mesure environ _______  .

VENDREDI Traitement des données

Complète le tableau des effectifs.

Animaux préférés

	Effectif	Dénombrement
	5	
	3	
	7	

1. Encercle l'animal **le plus** populaire.

2. Encercle l'animal **le moins** populaire.

RÉFLÉCHIS BIEN

Il y a 3 hippopotames près de la rivière. Puis 2 autres hippopotames vont les rejoindre.

Combien y a-t-il d'hippopotames en tout?

______ 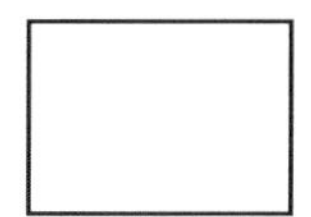 ______ = ________

LUNDI Modélisation et algèbre

Crée une suite de couleurs qui se suivent comme les lettres dans ABB.

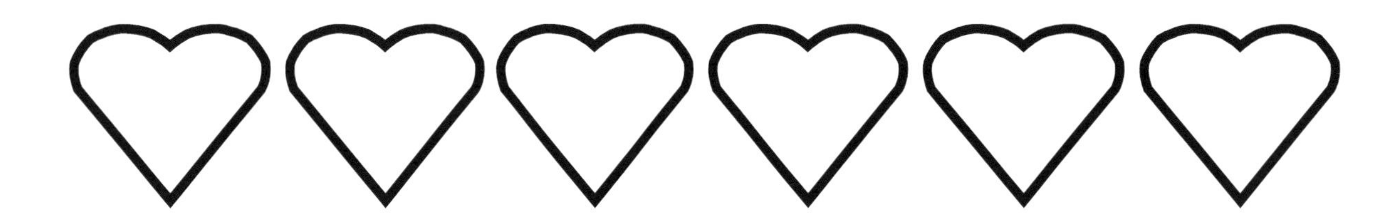

1. $2 + 7 =$ _______
2. $10 - 9 =$ _______
3. $11 + 1 =$ _______
4. $3 - 3 =$ _______

MARDI Sens du nombre

1. Combien y a-t-il de dizaines et d'unités?

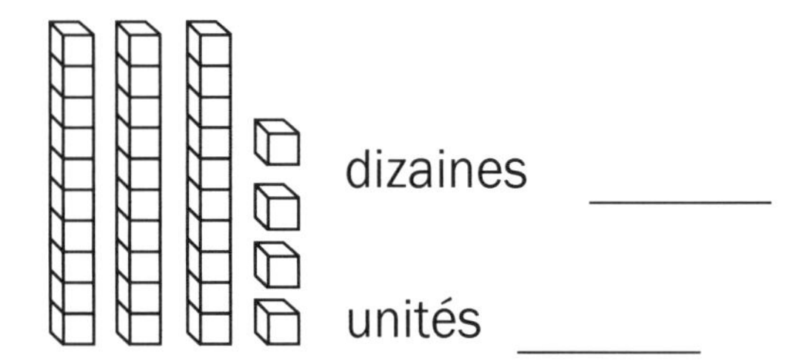

dizaines _____

unités _____

2. Quelle est la valeur totale de ces pièces de monnaie?

3. Écris ce nombre en chiffres.

zéro _______

4. Colorie 1/4 de cette figure.

MERCREDI Géométrie et sens de l'espace

1. Colorie en rouge les figures qui ont **4 sommets.**

   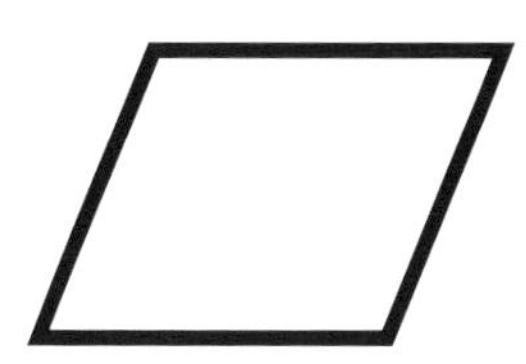

2. Peux-tu empiler des figures à trois dimensions comme celle-ci?

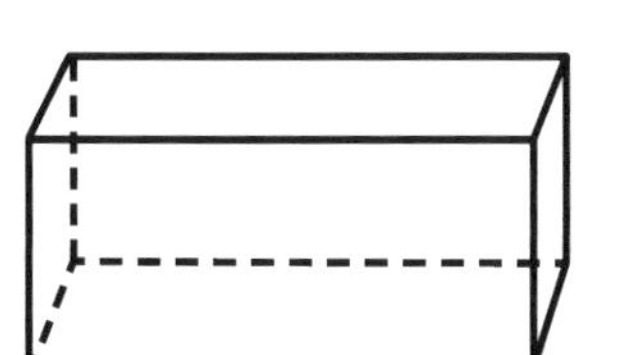

A. oui

B. non

3. Quelle figure est **à l'intérieur** du **cercle**?

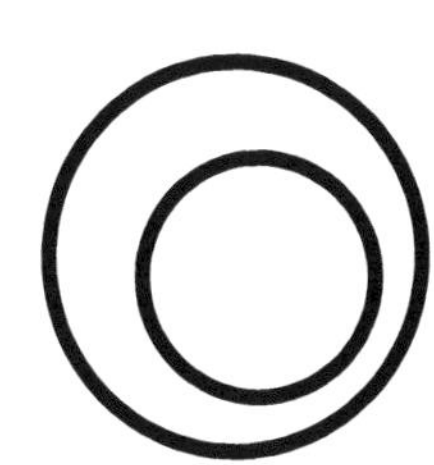

A. cercle

B. rectangle

JEUDI Mesure

1. Quelle heure est-il?

_____ heures et demie

2. Quel rectangle est le **plus long**?

A.

B.

3. Mesure la longueur de la ligne.

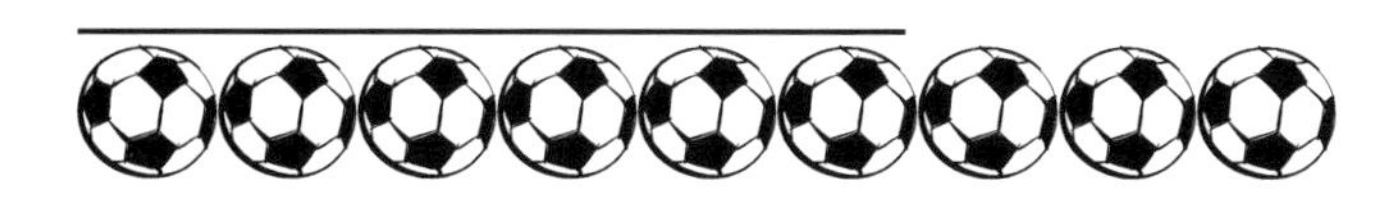

Elle mesure environ _______  .

VENDREDI Traitement des données

Complète le tableau des effectifs.

Poissons préférés

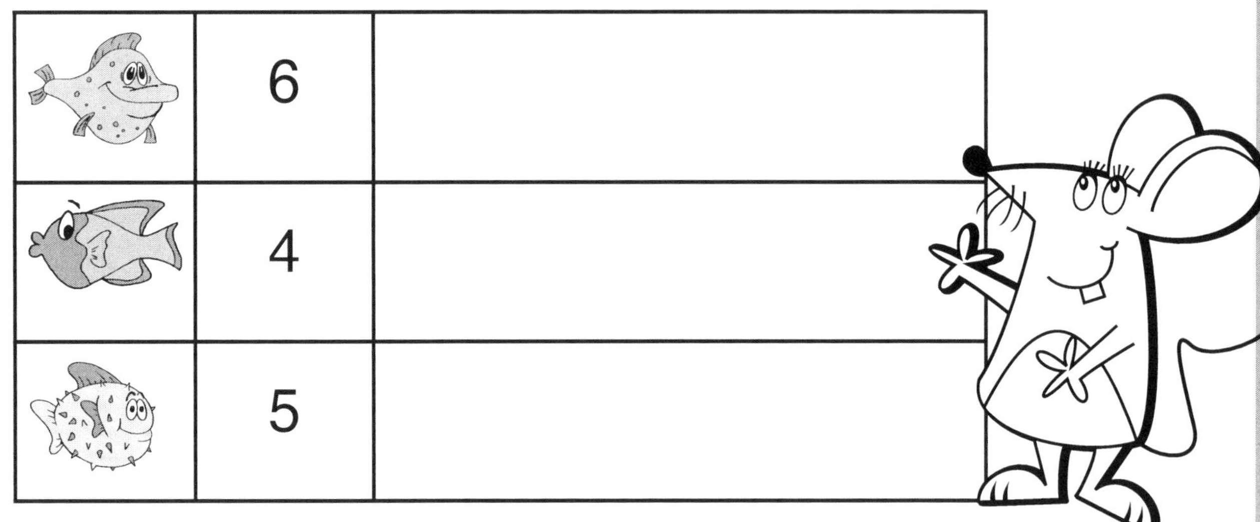

	Effectif	Dénombrement
	6	
	4	
	5	

1. Encercle le poisson **le plus** populaire.

2. Encercle le poisson **le moins** populaire.

RÉFLÉCHIS BIEN

Il y a 4 sur un iceberg. Puis 1  part.

Combien y a-t-il de maintenant?

______  ______ = ________

LUNDI Modélisation et algèbre

Crée une suite de couleurs qui se suivent comme les lettres dans AABB.

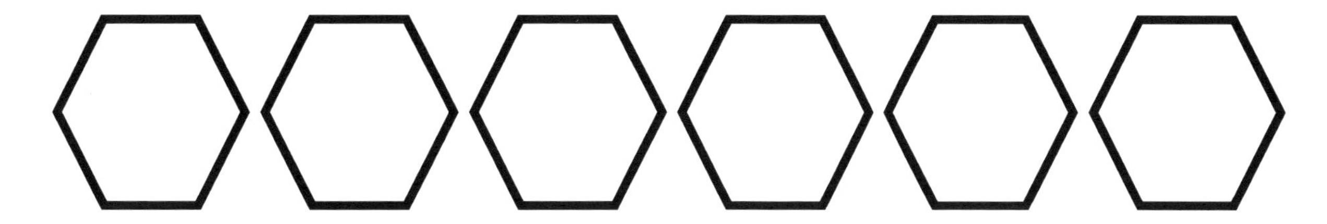

1. $5 + 5 =$ ______

2. $4 - 2 =$ ______

3. $2 + 6 =$ ______

4. $9 - 3 =$ ______

MARDI Sens du nombre

1. Combien y a-t-il de dizaines et d'unités?

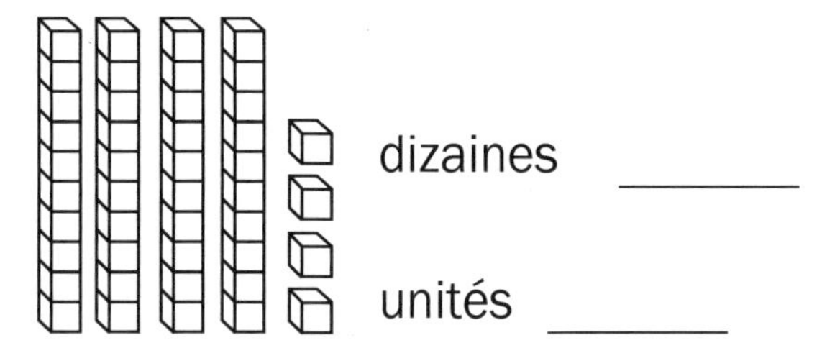

dizaines ______

unités ______

2. Quelle est la valeur totale de ces pièces de monnaie?

______ ¢

3. Écris ce nombre en chiffres.

sept ______

4. Colorie 1/3 de cette figure.

MERCREDI Géométrie et sens de l'espace

1. Colorie en bleu les figures qui ont **moins de 6 sommets**.

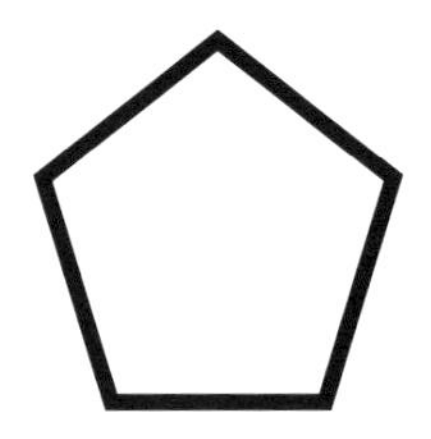

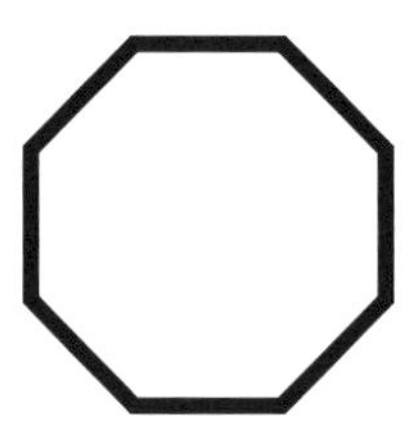

2. Peux-tu empiler des figures à trois dimensions comme celle-ci?

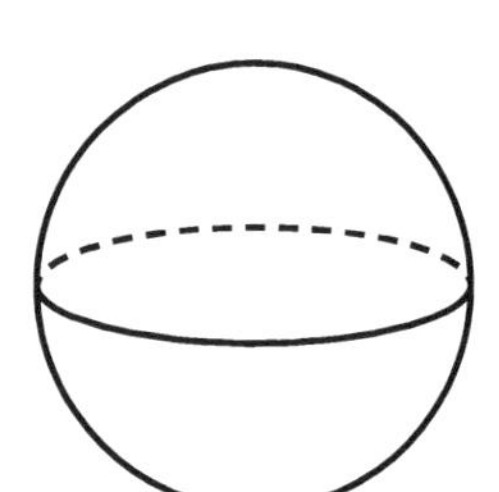

A. oui

B. non

3. Quelle figure est **à côté** du **pentagone**?

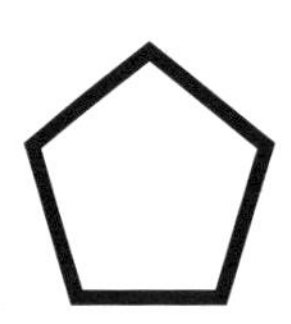

A. pentagone

B. triangle

JEUDI Mesure

1. Quelle heure est-il?

_____ heures et demie

2. Quel rectangle est le **plus court**?

A.

B.

3. Mesure la longueur de la ligne.

Elle mesure environ _____  .

VENDREDI Traitement des données

Complète le tableau des effectifs.

Accessoires de terrain de jeux préférés

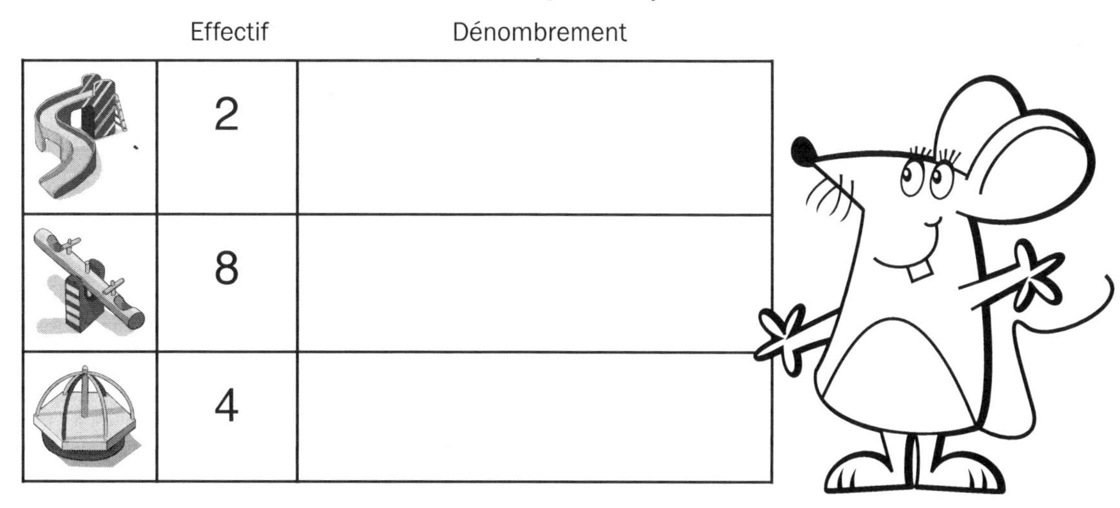

	Effectif	Dénombrement
	2	
	8	
	4	

1. Encercle l'accessoire **le plus** populaire.

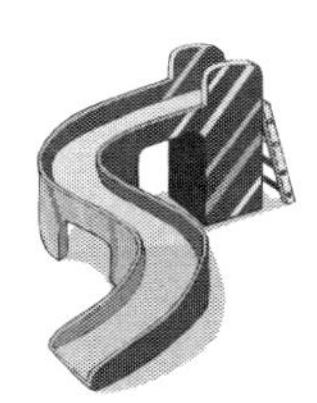  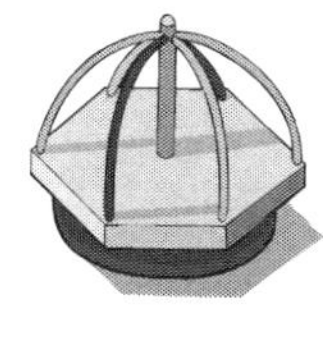

2. Encercle l'accessoire **le moins** populaire.

  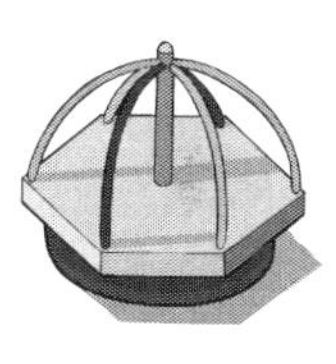

RÉFLÉCHIS BIEN

Il y a 2 près de la rivière. Puis 4 autres  vont les rejoindre.

Combien y a-t-il de 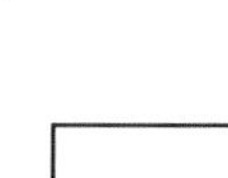 en tout?

______ ☐ ______ = ______

LUNDI Modélisation et algèbre

Crée une suite de  de

qui se suivent comme les lettres AAB .

____

1. $2 + 10 =$ ______

2. $3 - 1 =$ ______

3. $8 + 0 =$ ______

4. $8 - 4 =$ ______

MARDI Sens du nombre

1. Combien y a-t-il de dizaines et d'unités?

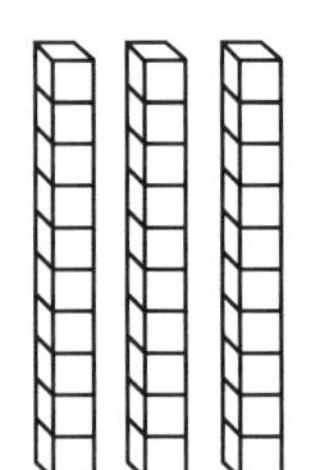

dizaines ______

unités ______

2. Quelle est la valeur totale de ces pièces de monnaie?

\+ = ______ ¢

3. Écris ce nombre en chiffres.

huit ______

4. Colorie 1/2 de cette figure.

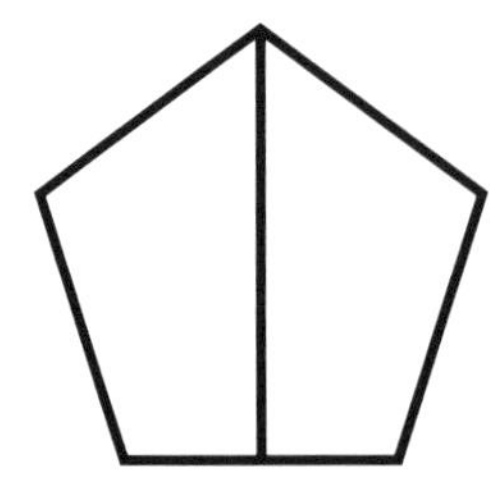

MERCREDI Géométrie et sens de l'espace

1. Colorie en bleu les figures qui ont **plus de 3 sommets.**

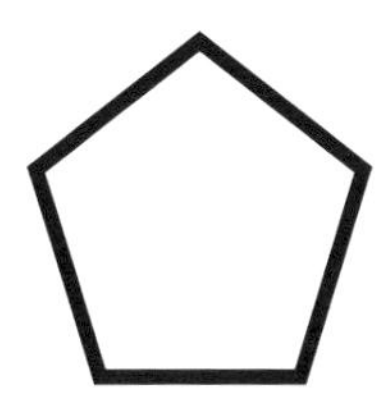 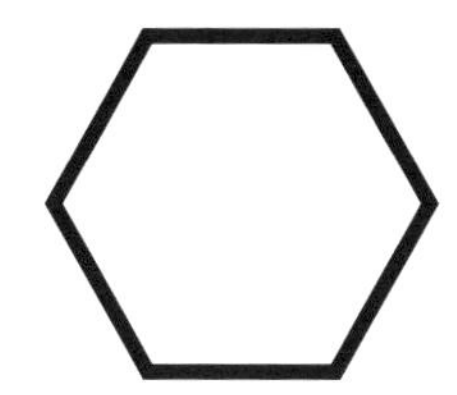 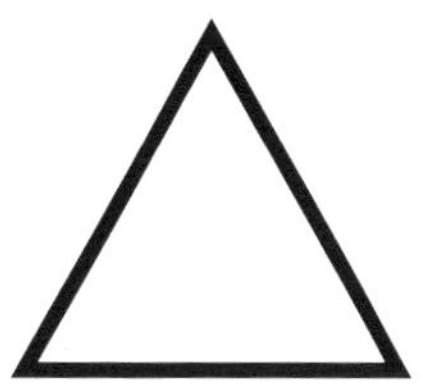 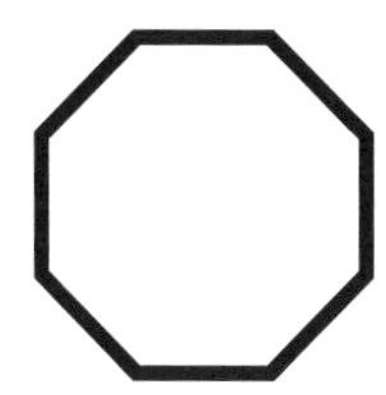

2. Cette figure à trois dimensions peut-elle rouler?

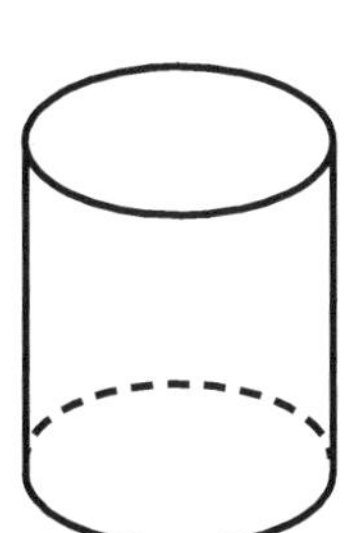

A. oui

B. non

3. Quelle figure est **à l'intérieur** du **cercle?**

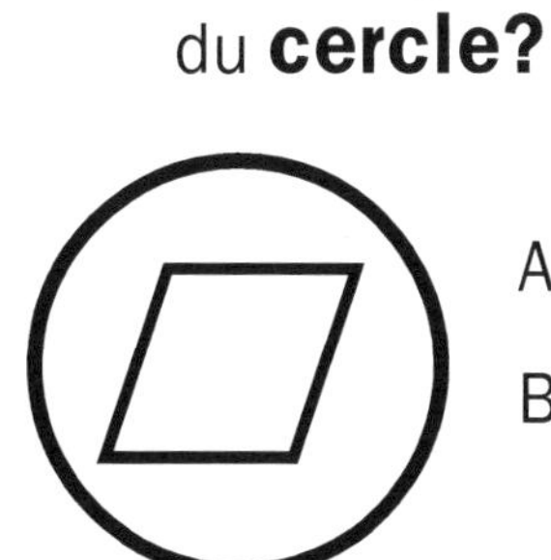

A. pentagone

B. parallélogramme

JEUDI Mesure

1. Quelle heure est-il?

2. Quel rectangle est le **plus long**?

A.

B.

3. Mesure la longueur de la ligne.

Elle mesure environ ______ 

VENDREDI Traitement des données

Complète le tableau des effectifs.

Tableau des figures préférées

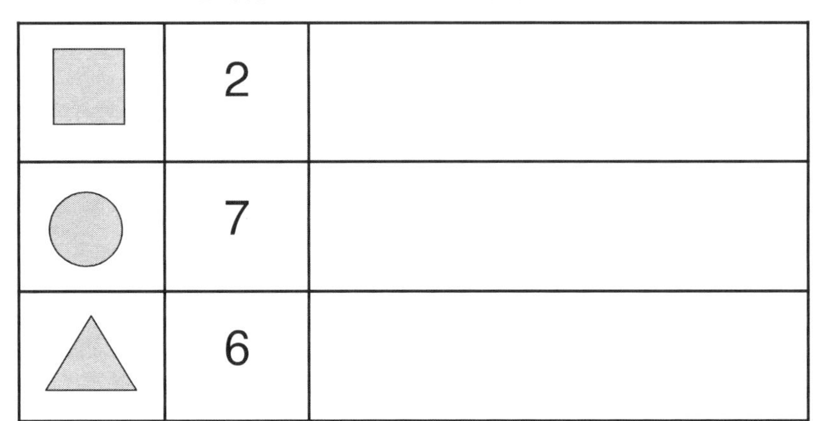

	Effectif	Dénombrement
■	2	
●	7	
▲	6	

1. Encercle la figure **la plus** populaire.

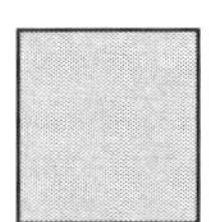 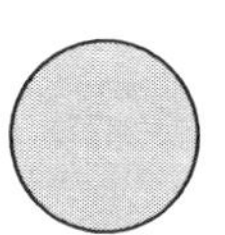 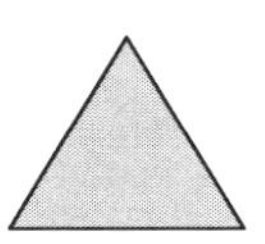

2. Encercle la figure **la moins** populaire.

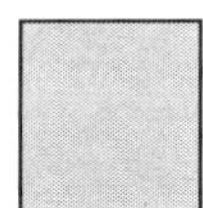 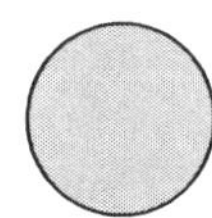 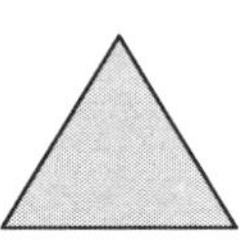

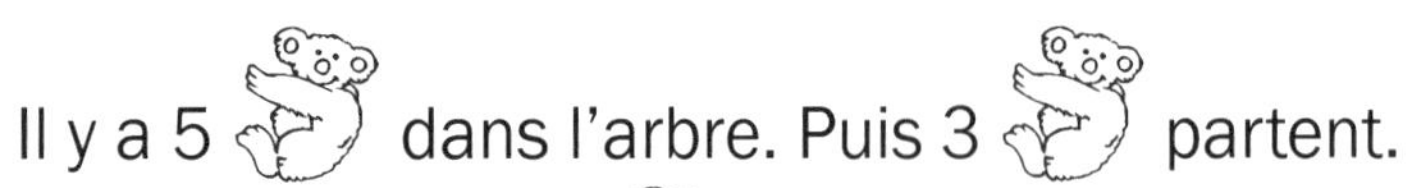

Il y a 5 dans l'arbre. Puis 3  partent.

Combien y a-t-il de  maintenant?

_______  _______ = _______

LUNDI Modélisation et algèbre

1. Compte à rebours par 1.

15, 14, 13, ______, ______, ______, ______

2. 7 + 4 = ______

3. 6 - 2 = ______

4. 10 + 2 = ______

5. 9 - 0 = ______

MARDI Sens du nombre

1. Combien y a-t-il de dizaines et d'unités?

dizaines ______

unités ______

2. Quelle est la valeur totale de ces pièces de monnaie?

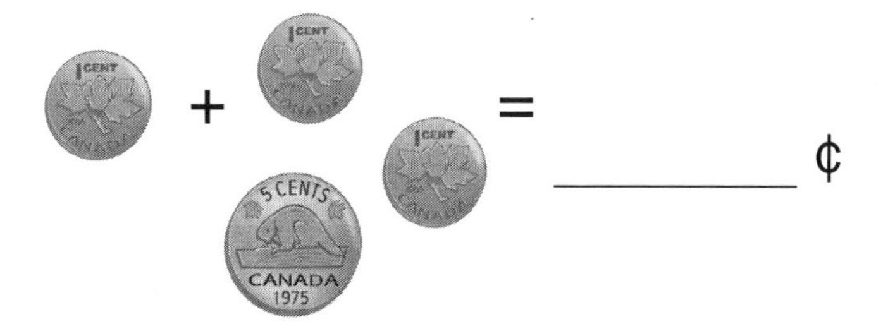

\+ = ______ ¢

3. Écris ce nombre en chiffres.

deux ______

4. Colorie 1/4 de cette figure.

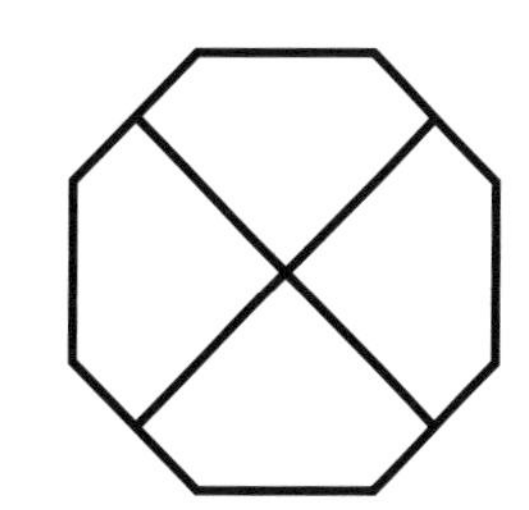

MERCREDI — Géométrie et sens de l'espace

1. Colorie en vert les figures qui ont **moins de 5 côtés**.

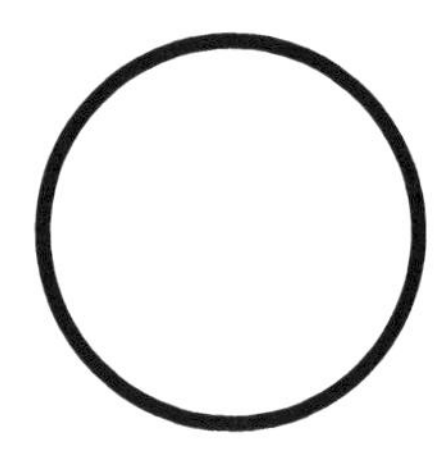  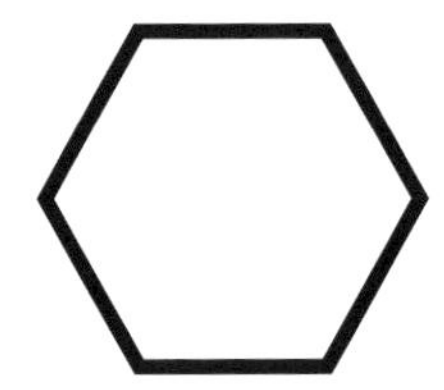 

2. Cette figure à trois dimensions peut-elle rouler?

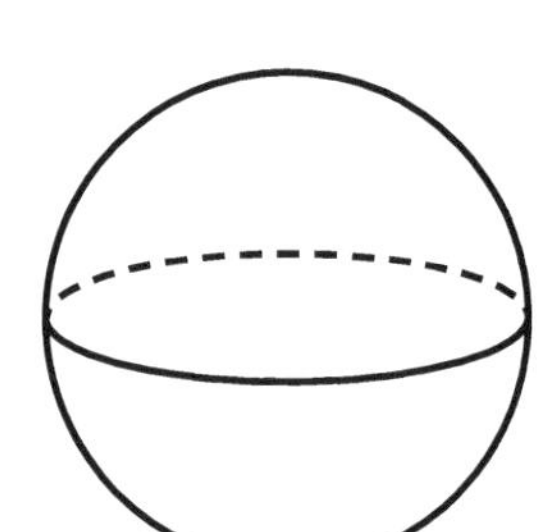

A. oui

B. non

3. Quelle figure est **à l'intérieur** du **cercle?**

A. pentagone

B. rectangle

JEUDI — Mesure

1. Quelle heure sera-t-il dans 1 heure?

_____ heures et demie

2. Quel rectangle est le **plus court**?

A. 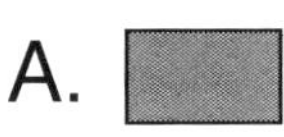

B. 

3. Mesure la longueur de la ligne.

Elle mesure environ _____ 

VENDREDI Traitement des données

Complète le tableau des effectifs.

Activités préférées

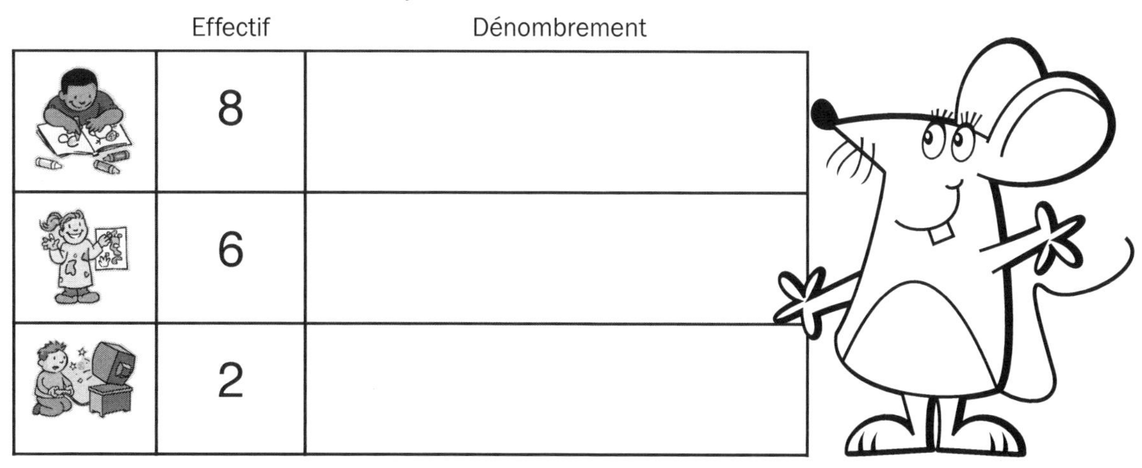

	Effectif	Dénombrement
	8	
	6	
	2	

1. Encercle l'activité **la plus** populaire.

2. Encercle l'activité **la moins** populaire.

RÉFLÉCHIS BIEN

Il y a 5 qui nagent. Puis 2 autres  vont les rejoindre.

Combien y a-t-il de  en tout?

______  ______ = ______

LUNDI Modélisation et algèbre

1. Compte par intervalles de 2.

22, 24, 26, ______, ______, ______, ______

2. $4 + 6 =$ ______

3. $6 - 3 =$ ______

4. $1 + 10 =$ ______

5. $8 - 7 =$ ______

MARDI Sens du nombre

1. Combien y a-t-il de dizaines et d'unités?

dizaines ______

unités ______

2. Combien d'argent reste-t-il?

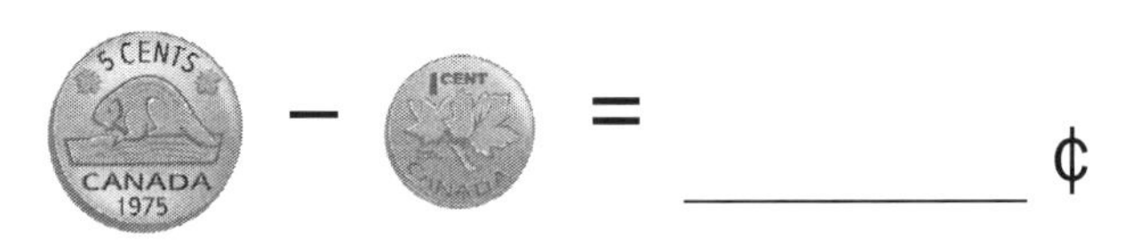

– = ______ ¢

3. Écris ce nombre en chiffres.

quatre ______

4. Colorie 1/2 de cette figure.

MERCREDI Géométrie et sens de l’espace

1. Colorie le **cube** en bleu.
   Colorie la **sphère** en orange.

Colorie la **pyramide** en rouge.
Colorie le **prisme droit à base rectangulaire** en vert.

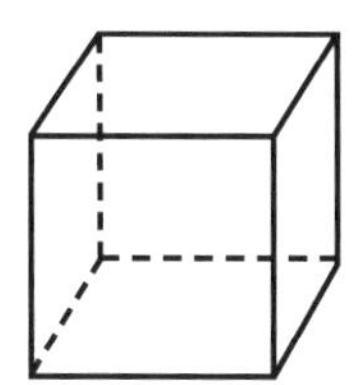 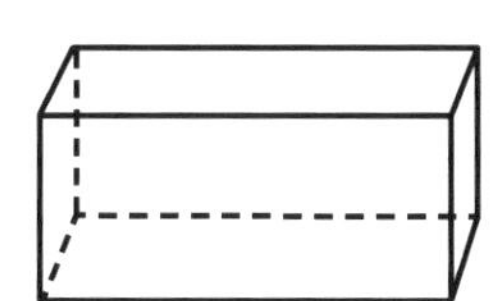 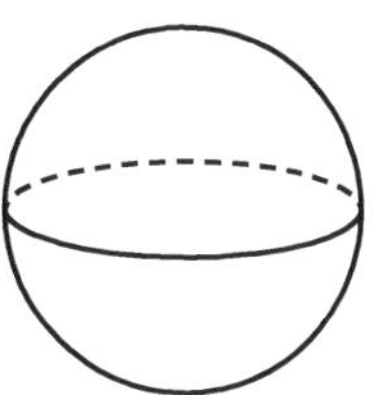 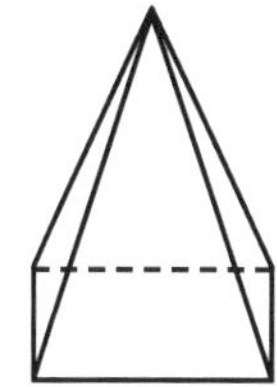

2. Cette figure à trois dimensions peut-elle rouler?

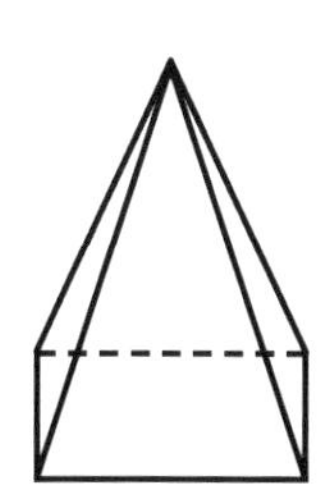

A. oui

B. non

3. Quelle figure est **en dessous** du **cercle?**

A. octogone

B. rectangle

JEUDI Mesure

1. Quelle heure sera-t-il dans 1 heure?

_______ heures et demie

2. Lequel est le **plus léger**?

A. 

B. 

3. Mesure la longueur de la ligne.

Elle mesure environ _______ 

VENDREDI Traitement des données

Complète le tableau des effectifs.

Activités hivernales préférées

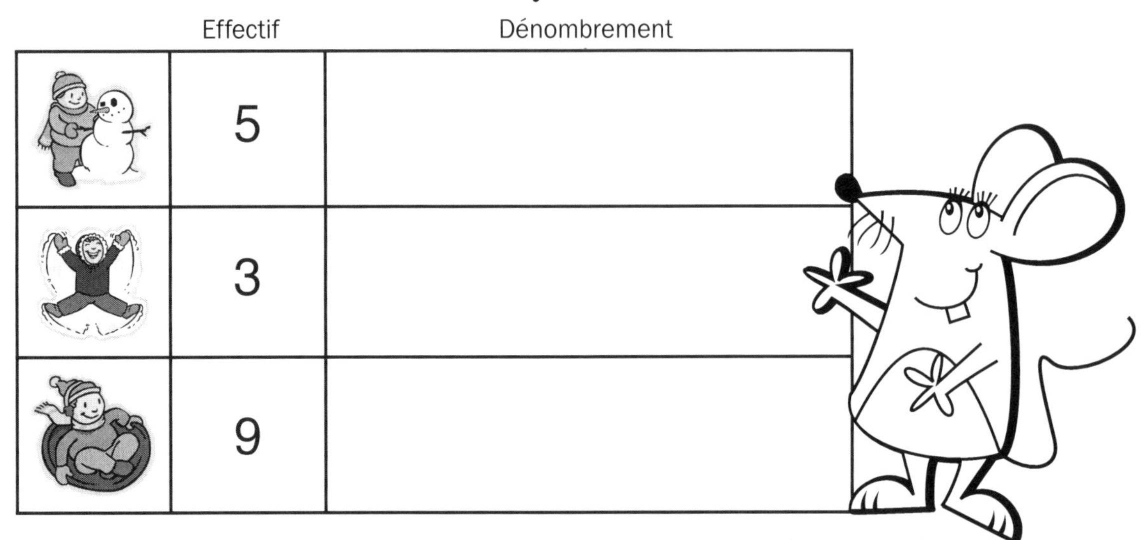

	Effectif	Dénombrement
	5	
	3	
	9	

1. Encercle l'activité **la plus** populaire.

2. Encercle l'activité **la moins** populaire.

RÉFLÉCHIS BIEN

Il y a 1 près de la rivière. Puis 3 autres  vont le rejoindre.

Combien y a-t-il de  en tout?

______ ☐ ______ = ______

LUNDI Modélisation et algèbre

1. Compte par intervalles de 5.

30, 35, 40, ______, ______, ______, ______

2. $6 + 6 =$ ______

3. $10 - 1 =$ ______

4. $1 + 1 =$ ______

5. $10 - 5 =$ ______

MARDI Sens du nombre

1. Combien y a-t-il de dizaines et d'unités?

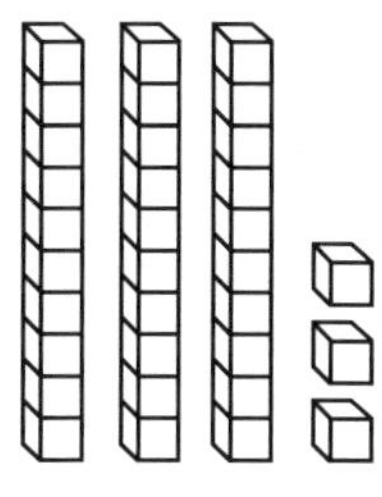

dizaines ______

unités ______

2. Combien d'argent reste-t-il?

–

= ______ ¢

3. Écris ce nombre en chiffres.

six ______

4. Colorie 1/3 de cette figure.

MERCREDI Géométrie et sens de l’espace

1. Colorie le **cylindre** en jaune.
   Colorie le **cône** en orange.
   Colorie la **sphère** en bleu.
   Colorie le **prisme droit à base rectangulaire** en rouge.

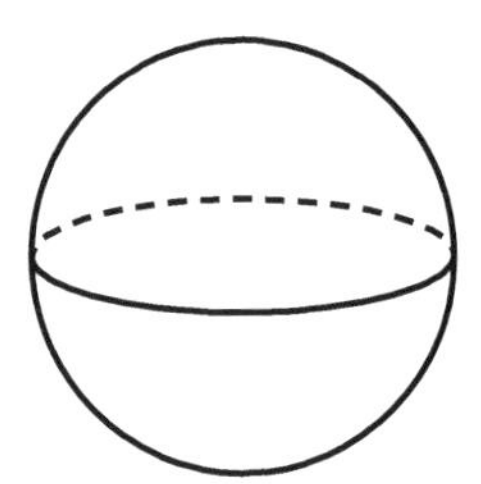
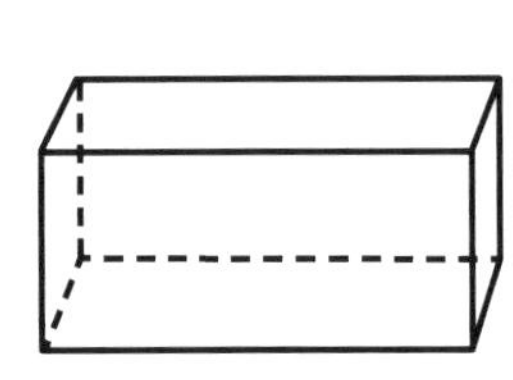
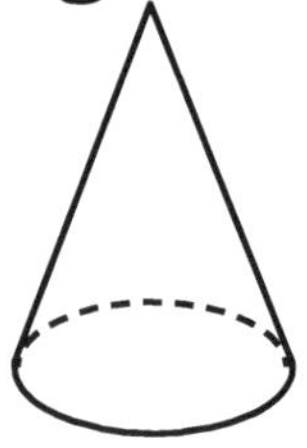
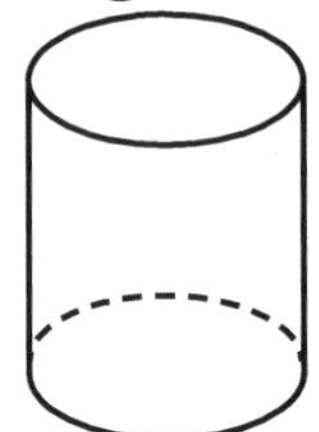

2. Cette figure à trois dimensions peut-elle rouler?

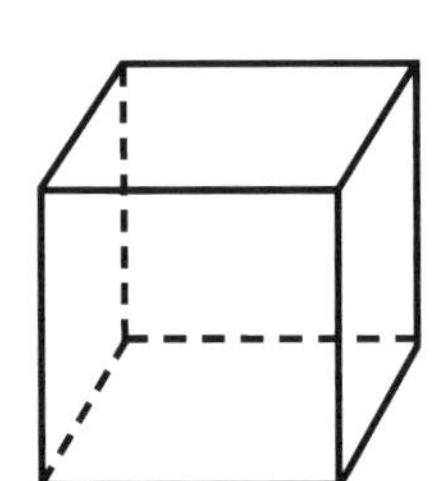

A. oui

B. non

3. Quelle figure est **au-dessus** du **pentagone?**

A. cercle

B. rectangle

JEUDI Mesure

1. Quelle heure sera-t-il dans 1 heure?

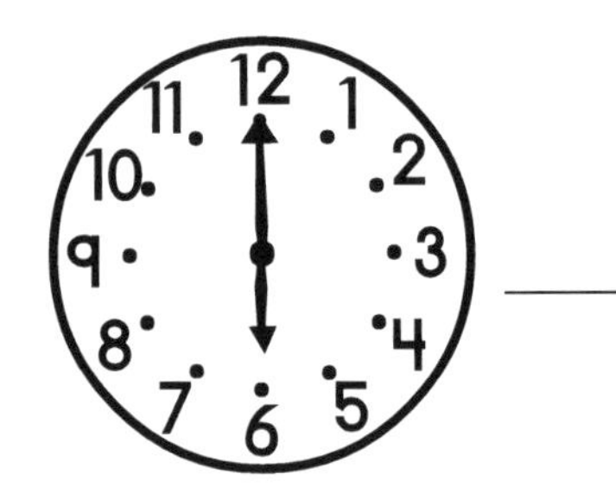

______ h

2. Lequel est le **plus lourd**?

A.

B. 

3. Mesure la longueur de la ligne.

Elle mesure environ ______ 

VENDREDI Traitement des données

Complète le tableau des effectifs.

Les fruits préférés

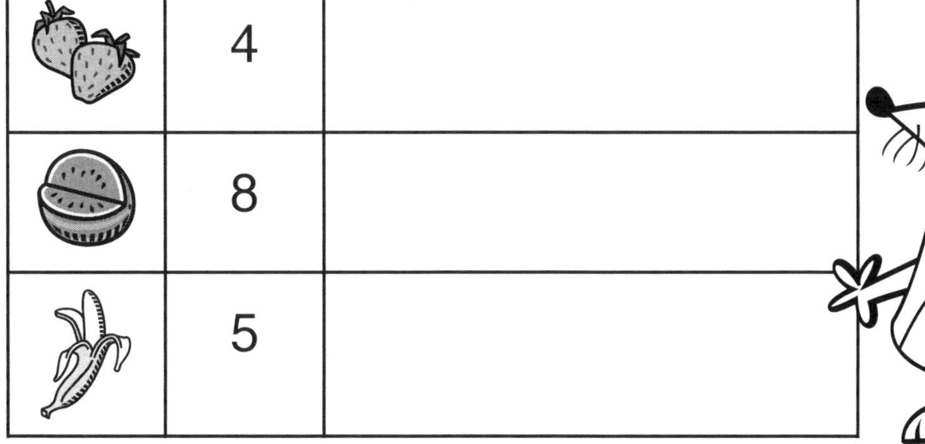

	Effectif	Dénombrement
	4	
	8	
	5	

1. Encercle le fruit **le plus** populaire.

2. Encercle le fruit **le moins** populaire.

  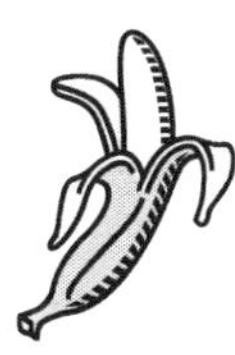

RÉFLÉCHIS BIEN

Il y a 5 qui marchent. Puis 3  quittent le groupe.

Combien y a-t-il d'  maintenant?

______  ______ = ________

LUNDI Modélisation et algèbre

1. Compte par intervalles de 10.

40, 50, 60, ______, ______, ______, ______

2. $1 + 5 =$ ______

3. $12 - 9 =$ ______

4. $6 + 5 =$ ______

5. $5 - 0 =$ ______

MARDI Sens du nombre

1. Combien y a-t-il de dizaines et d'unités?

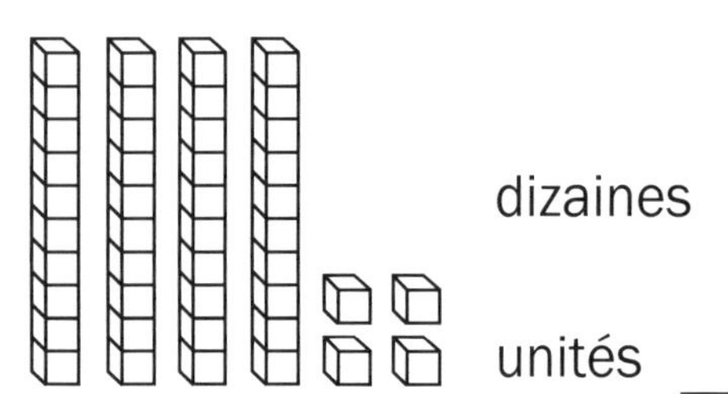

dizaines ______

unités ______

2. Combien d'argent reste-t-il?

–

= ________ ¢

3. Écris ce nombre en chiffres.

neuf ________

4. Colorie 1/4 de cette figure.

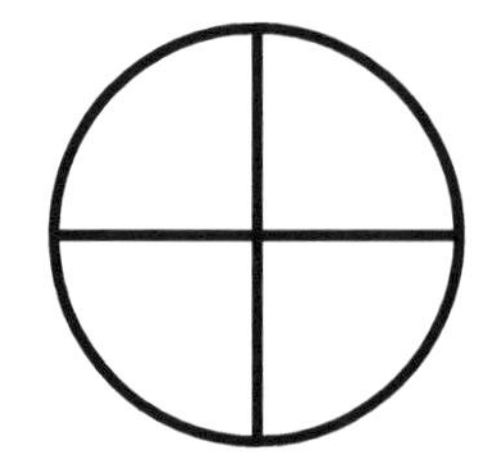

MERCREDI Géométrie et sens de l'espace

1. Colorie le **cylindre** en rouge.
   Colorie le **cube** en bleu.
   Colorie la **pyramide** en vert.
   Colorie la **sphère** en orange.

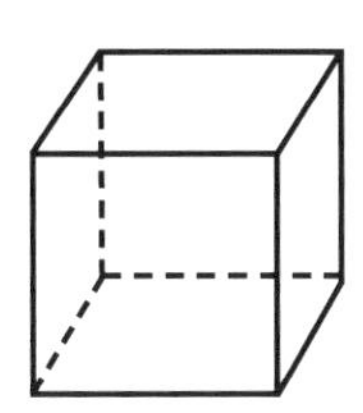 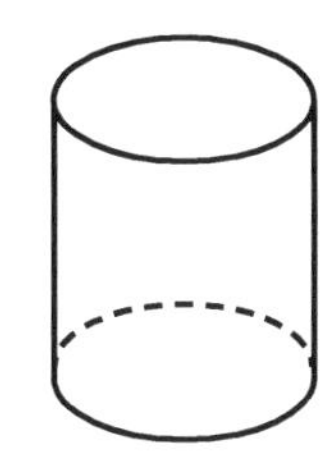 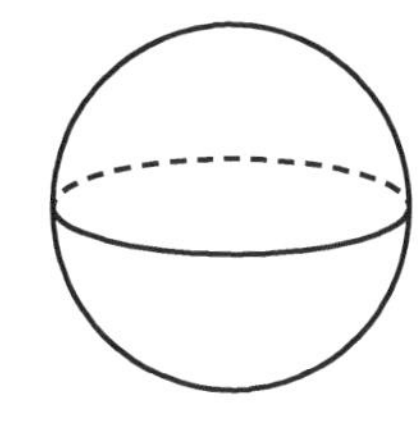 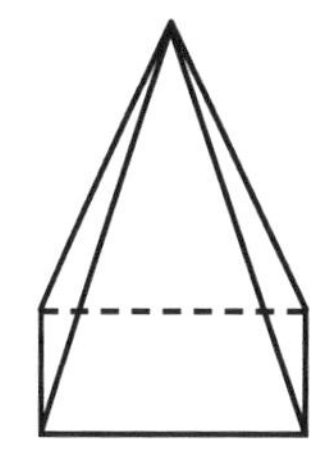

2. Combien de **côtés** cette figure a-t-elle?

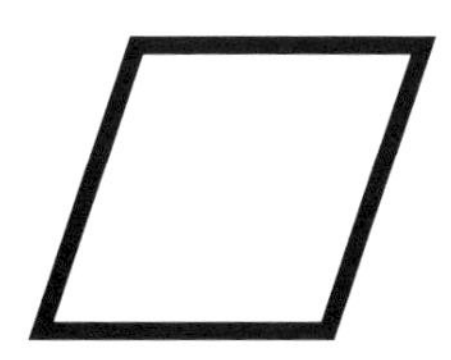

3. Combien de **sommets** cette figure a-t-elle?

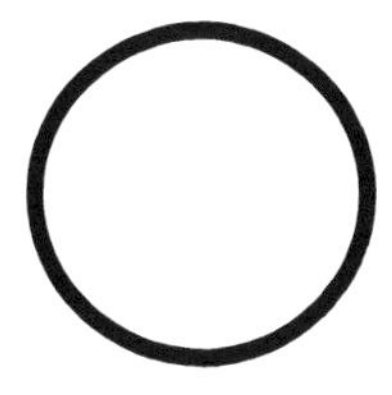

JEUDI Mesure

1. Quelle heure sera-t-il dans 1 heure?

_______ h

2. Lequel contient **le moins**?

A. 

B. 

3. Mesure la longueur de la ligne.

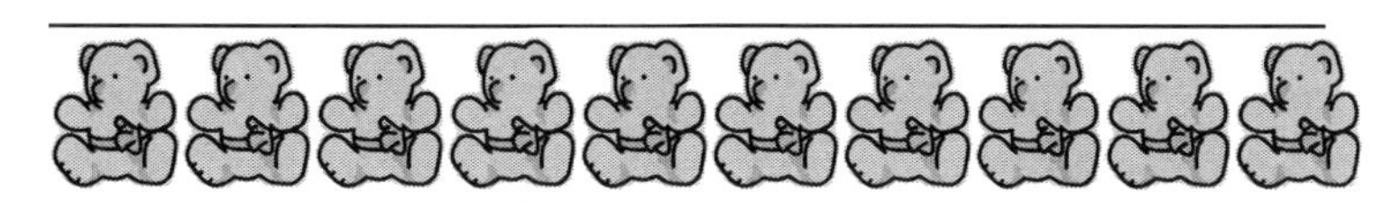

Elle mesure environ _______ 

VENDREDI Traitement des données

Complète le tableau des effectifs

Jouets préférés

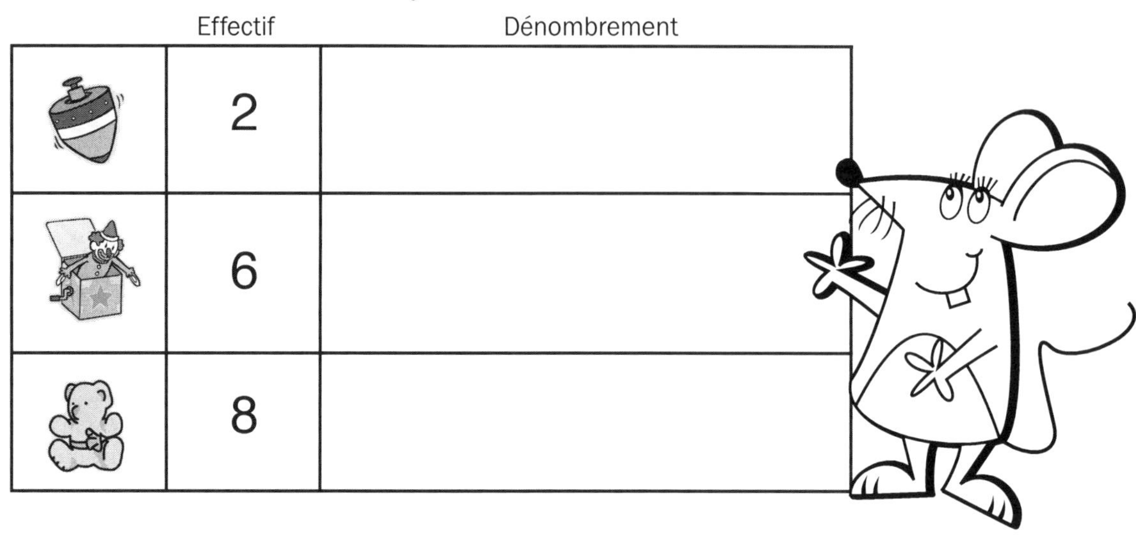

	Effectif	Dénombrement
	2	
	6	
	8	

1. Encercle le jouet **le plus** populaire.

2. Encercle le jouet **le moins** populaire.

RÉFLÉCHIS BIEN

Il y a 6 qui marchent. Puis 2  quittent le groupe.

Combien y a-t-il de  maintenant?

________ ☐ ________ = __________

LUNDI Modélisation et algèbre

1. Compte par 1.

61, 62, 63, ______, ______, ______, ______

2. $2 + 4 =$ ______

3. $1 - 1 =$ ______

4. $7 + 2 =$ ______

5. $11 - 3 =$ ______

MARDI Sens du nombre

1. Combien y a-t-il de dizaines et d'unités?

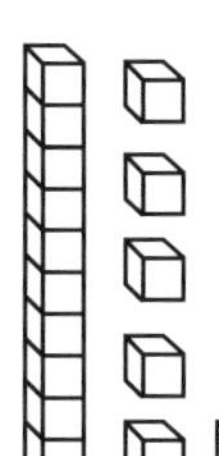

dizaines ______

unités ______

2. Combien d'argent reste-t-il?

 –  = ______ ¢

3. Ordonne ces nombres, du **plus grand** au **plus petit**.

23, 3, 33

______, ______, ______

4. Colorie 1/2 de cette figure.

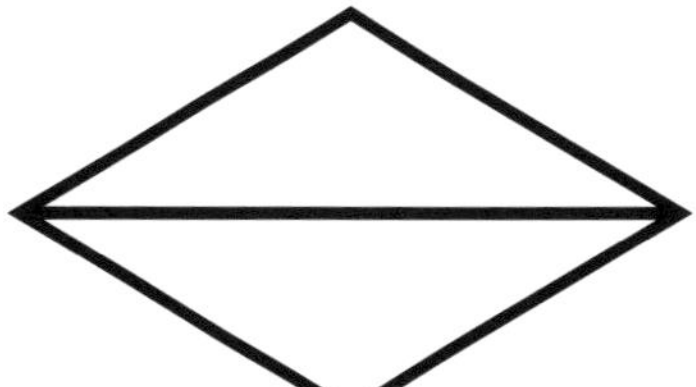

MERCREDI Géométrie et sens de l'espace

1. Colorie le **cylindre** en vert.
   Colorie le **cône** en rouge.
   Colorie la **sphère** en bleu.
   Colorie le **cube** en jaune.

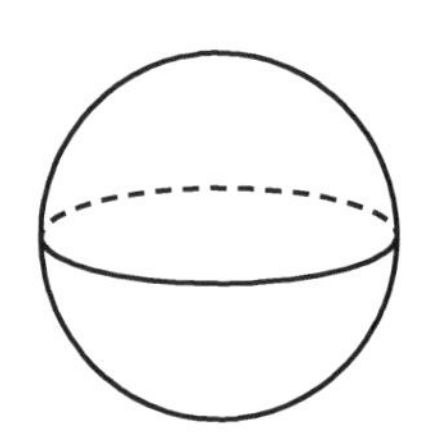
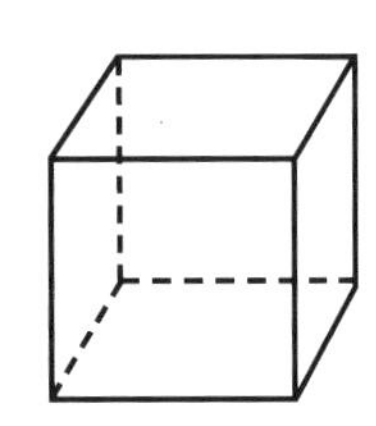
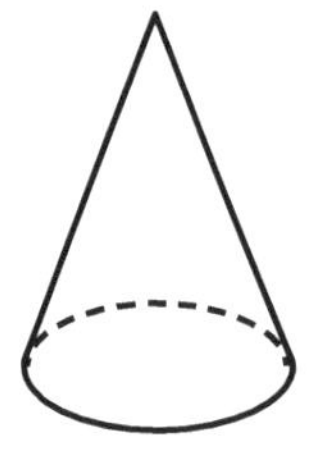
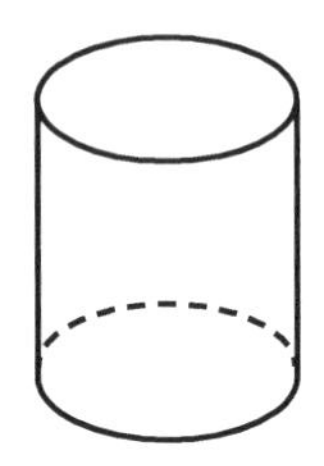

2. Combien de **côtés** cette figure a-t-elle?

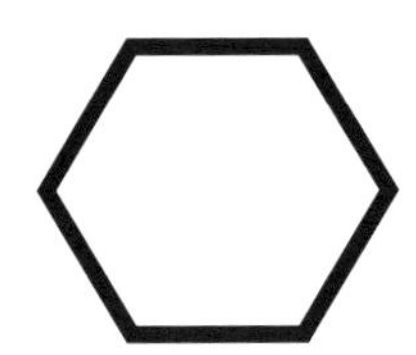

3. Combien de **sommets** cette figure a-t-elle?

JEUDI Mesure

1. Quelle heure sera-t-il dans 1 heure?

______ heures et demie

2. Lequel des récipients contient **le plus** de liquide?

A. 

B.

3. Mesure la longueur de la ligne.

Elle mesure environ ______ 

VENDREDI Traitement des données

Complète le tableau des effectifs

Légumes préférés

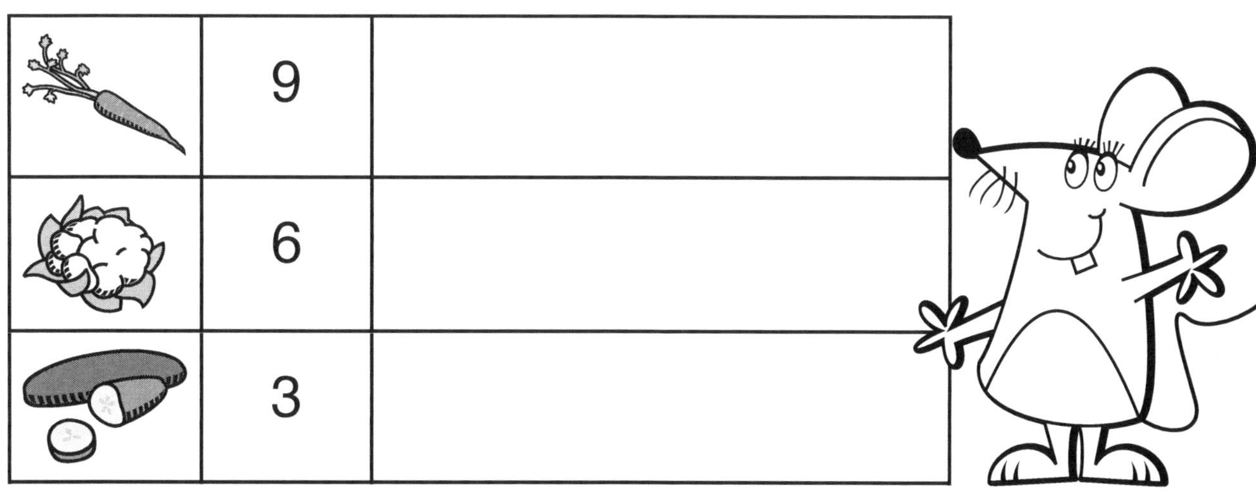

	Effectif	Dénombrement
carotte	9	
chou-fleur	6	
concombre	3	

1. Encercle le légume **le plus** populaire.

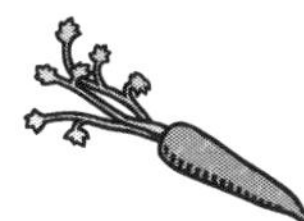  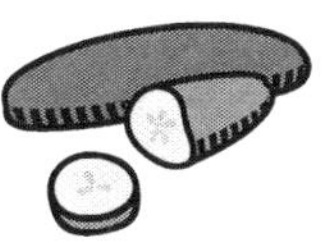

2. Encercle le légume **le moins** populaire.

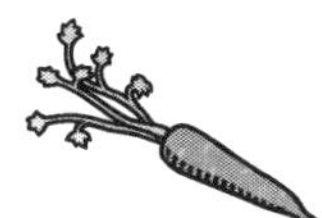  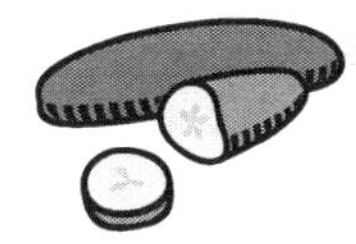

RÉFLÉCHIS BIEN

Il y a 2 bébés qui jouent. Puis 5 autres bébés vont les rejoindre.

Combien y a-t-il de bébés en tout?

______ ☐ ______ = ______

LUNDI Modélisation et algèbre

1. Compte par intervalles de 2.

44, 46, 48, ______, ______, ______, ______

2. 1 + 6 = ______

3. 12 - 6 = ______

4. 2 + 8 = ______

5. 6 - 5 = ______

MARDI Sens du nombre

1. Combien y a-t-il de dizaines et d'unités?

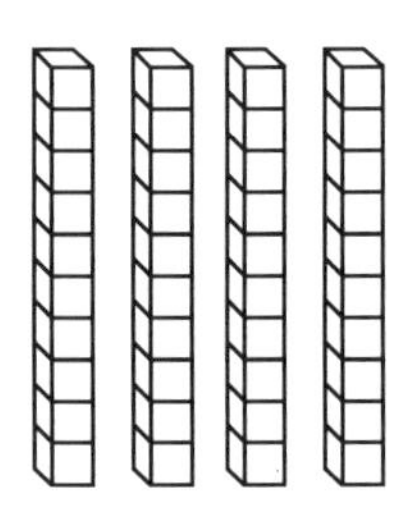

dizaines ______

unités ______

2. Combien d'argent reste-t-il?

= ______ ¢

3. Ordonne ces nombres, du **plus grand** au **plus petit**.

20, 36, 13

______, ______, ______

4. Colorie 1/3 de cette figure.

MERCREDI — Géométrie et sens de l'espace

1. Colorie le **cylindre** en orange.
   Colorie le **cône** en vert.
   Colorie le **cube** en jaune.
   Colorie le **prisme droit à base rectangulaire** en bleu.

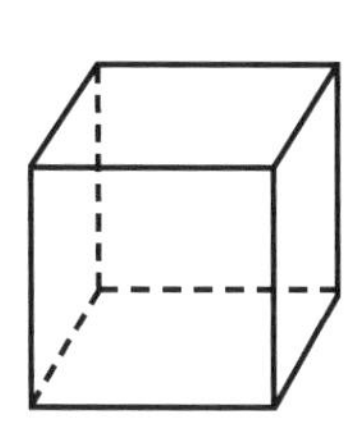
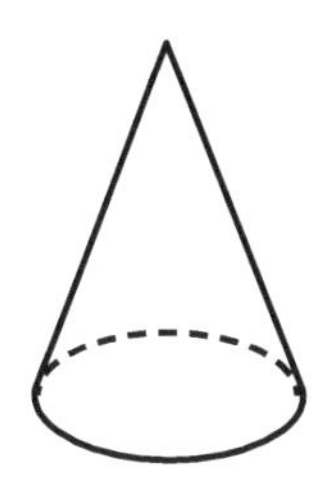
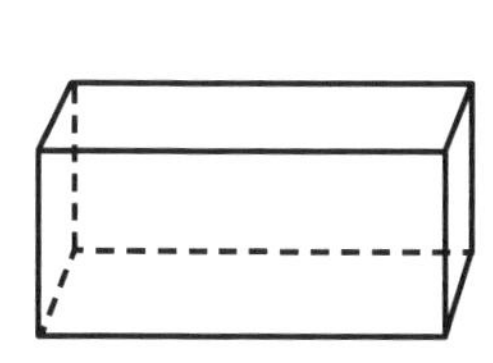
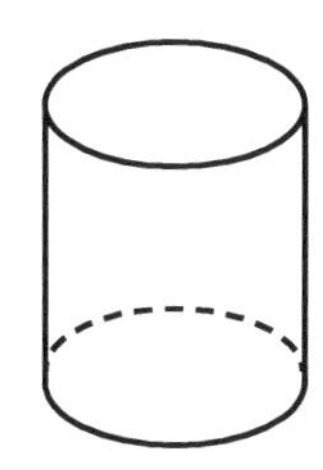

2. Combien de **côtés** cette figure a-t-elle?

3. Combien de **sommets** cette figure a-t-elle?

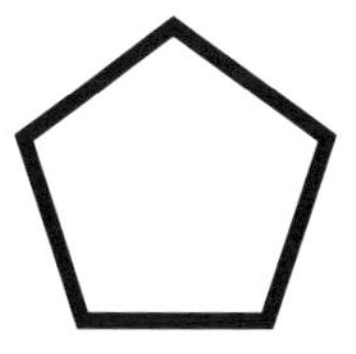

JEUDI — Mesure

1. Quelle heure sera-t-il dans 1 heure?

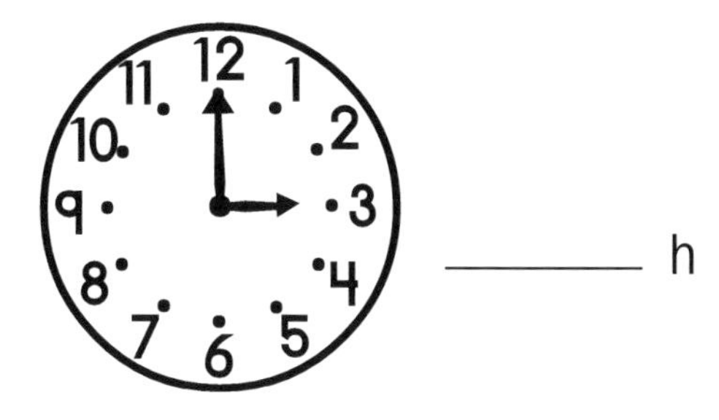

_______ h

2. Quel mois vient après février?

   A. mars   B. décembre

3. Mesure la longueur de la ligne.

Elle mesure environ _______ 

VENDREDI Traitement des données

Complète le tableau des effectifs

Activités musicales préférées

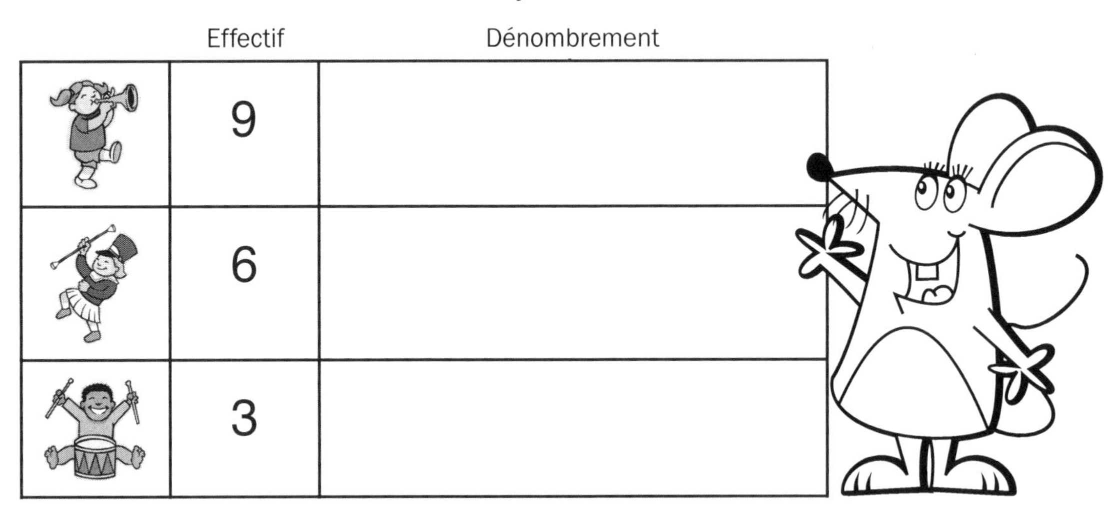

	Effectif	Dénombrement
	9	
	6	
	3	

1. Encercle l'activité **la plus** populaire.

2. Encercle l'activité **la moins** populaire.

RÉFLÉCHIS BIEN

Il y a 7  qui volent dans le ciel. Puis 4  partent.

Combien y a-t-il d'  maintenant?

_______ ☐ _______ = _________

Semaine 1

Lundi **1.** première suite : △ deuxième suite : △ **2.** rép. vont varier

Mardi **1.** 1 dizaine 3 unités **2.** 1 ¢ **3.** 4 **4.** premier ensemble

Mercredi **1.** cercle **2.** 0 côté **3.** 0 sommet

Jeudi **1.** 4 heures **2.** **3.** a

Vendredi **1.** 6 chiens, 2 oiseaux, 5 chats **2.** chien **3.** oiseau

Réfléchis bien **1.** 3 + 6 = 9 **2.** 4 - 1 = 3

Semaine 2

Lundi **1.** première suite: gros △ deuxième suite : ▭ **2.** rép. vont varier

Mardi **1.** 1 dizaine 9 unités **2.** 5 ¢ **3.** 1 **4.** premier ensemble

Mercredi **1.** triangle **2.** 3 côtés **3.** 3 sommets

Jeudi **1.** 12 heures **2.** b **3.** b

Vendredi **1.** - 6 -10 - 4 **2.** **3.**

Réfléchis bien **1.** 4 + 4 = 8 **2.** 5 - 2 = 3

Semaine 3

Lundi **1.** première suite : □ deuxième suite : △ **2.** rép. vont varier

Mardi **1.** 1 dizaine 7 unités **2.** 25 ¢ **3.** 2 **4.** premier ensemble

Mercredi **1.** carré **2.** 4 côtés **3.** 4 sommets

Jeudi **1.** 6 h **2.** b **3.** environ 4

Vendredi **1.** - 2 -4 - 5 **2.** **3.**

Réfléchis bien **1.** 6 + 3 = 9 **2.** 6 - 3 = 3

Semaine 4

Lundi **1.** première suite : △ deuxième suite : ○ **2.** rép. vont varier

Mardi **1.** 2 dizaines 1 unité **2.** 100 ¢ **3.** 4 **4.** deuxième ensemble

Mercredi **1.** rectangle **2.** 4 côtés **3.** 4 sommets

Jeudi **1.** 1 h **2.** b **3.** environ 7

Vendredi **1.** - 5 -7 - 6 **2.** **3.**

Réfléchis bien **1.** 6 + 8 = 14 **2.** 8 - 2 = 6

Semaine 5

Lundi rép. vont varier

Mardi **1.** 1 dizaine 6 unités **2.** 11 ¢ **3.** 4 **4.** premier ensemble

Mercredi **1.** pentagone **2.** 5 côtés **3.** 5 sommets

Jeudi **1.** 2 h **2.** a **3.** environ 2

Vendredi **1.** - 5 -3 - 6 **2.** **3.**

Réfléchis bien voir le dessin

Semaine 6

Lundi rép. vont varier

Mardi **1.** 1 dizaine 6 unités **2.** 6 ¢ **3.** 3 **4.** 3

Mercredi **1.** hexagone **2.** 6 côtés **3.** 6 sommets

Jeudi **1.** 3 h **2.** b **3.** environ 5

Vendredi **1.** - 6 -2 - 8 **2.** **3.**

Réfléchis bien 1, 2, 3, 4, 5, 6, 7, 8, 9, 10

Semaine 7

Lundi rép. vont varier

Mardi **1.** 2 dizaines 5 unités **2.** 10 ¢ **3.** 7 **4.** premier ensemble

Mercredi **1.** octogone **2.** 8 côtés **3.** 8 sommets

Jeudi **1.** 9 h **2.** a **3.** environ 1

Vendredi **1.** - 3 -6 - 5 **2.** **3.**

Réfléchis bien 5 cercles ○○○○○

Semaine 8

Lundi rép. vont varier

Mardi **1.** 3 dizaines 1 unité **2.** 8 ¢ **3.** 7 **4.** 3

Mercredi **1.** parallélogramme **2.** 4 côtés **3.** 4 sommets

Jeudi **1.** 5 h **2.** 7 jours **3.** environ 5

Vendredi **1.** - 9 - 3 - 6 **2.** **3.**

Réfléchis bien 2 cercles ○○

Semaine 9

Lundi rép. vont varier

Mardi **1.** 3 dizaines 7 unités **2.** 3 ¢ **3.** 8 **4.** 12

Mercredi voir le dessin

Jeudi **1.** 7 h **2.** a **3.** environ 3

Vendredi **1.** - 4 - 6 - 3 **2.** **3.**

Réfléchis bien 3 cercles ○○○

Semaine 10

Lundi rép. vont varier

Mardi **1.** 4 dizaines 2 unités **2.** 11 ¢ **3.** 9 **4.**

Mercredi ○ - 4 △ - 3 □ - 5

Jeudi **1.** 11 h **2.** a **3.** environ 8

Vendredi **1.** - 6 - 7 - 9 **2.** **3.**

Réfléchis bien **1.** 9 **2.** 3 **3.** 1 **4.** 2

Semaine 11

Lundi	rép. vont varier
Mardi	**1.** 4 dizaines 7 unités **2.** 16 ¢ **3.** 13 **4.**
Mercredi	rép. vont varier
Jeudi	**1.** 8 heures et demie **2.** b **3.** environ 5
Vendredi	**1.** carré - 3 cercle - 5 triangle - 4 **2.** cercle **3.** carré
Réfléchis bien	**1.** 7 **2.** 10 **3.** 2 **4.** 6

Semaine 12

Lundi	rép. vont varier
Mardi	**1.** 2 dizaines 9 unités **2.** 14 ¢ **3.** 21 **4.** 9
Mercredi	voir la consigne
Jeudi	**1.** 5 heures et demie **2.** a **3.** environ 2
Vendredi	**1.** - 5 - 2 - 3 **2.** **3.**
Réfléchis bien	**1.** 8 **2.** 12 **3.** 2 **4.** 5

Semaine 13

Lundi	rép. vont varier
Mardi	**1.** 2 dizaines 7 unités **2.** 13 ¢ **3.** 30 **4.**
Mercredi	voir la consigne
Jeudi	**1.** 10 heures et demie **2.** a **3.** environ 12
Vendredi	**1.** - 5 - 3 - 6 **2.** **3.**
Réfléchis bien	**1.** 9 **2.** 8 **3.** 1 **4.** 4

Semaine 14

Lundi	rép. vont varier
Mardi	**1.** 4 dizaines 0 unité **2.** 16 ¢ **3.** 20 **4.** 12
Mercredi	parallélogrammes - 2 hexagone - 4 carré - 4
Jeudi	**1.** 3 heures et demie **2.** b **3.** environ 11
Vendredi	**1.** - 2 - 5 - 4 **2.** **3.**
Réfléchis bien	**1.** 12 **2.** 10 **3.** 6 **4.** 4

Semaine 15

Lundi	rép. vont varier
Mardi	**1.** 3 dizaines 3 unités **2.** 12 ¢ **3.** 17 **4.** 18
Mercredi	voir la consigne
Jeudi	**1.** 1 heure et demie **2.** a **3.** environ 7
Vendredi	**1.** - 4 - 2 - 6 **2.** **3.**
Réfléchis bien	**1.** 11 **2.** 10 **3.** 8 **4.** 3

Semaine 16

Lundi rép. vont varier **1.** 9 **2.** 0 **3.** 11 **4.** 1

Mardi **1.** 4 dizaines 3 unités **2.** 20 ¢ **3.** 18, 19, 20 **4.** voir la consigne

Mercredi **1.** △ △ △ 3 gros triangles **2.** a **3.** a

Jeudi **1.** 8 heures et demie **2.** b **3.** environ 4

Vendredi voir le diagramme - 3 -2 - 5 **1.**

Réfléchis bien 2, 4, 6, 8, 10, 12

Semaine 17

Lundi rép. vont varier **1.** 4 **2.** 6 **3.** 12 **4.** 5

Mardi **1.** 4 dizaines 9 unités **2.** 18 ¢ **3.** 11, 13, 15 **4.** voir la consigne

Mercredi **1.** ◯ ◯ ◯ 3 cercles **2.** b **3.** b

Jeudi **1.** 12 heures et demie **2.** a **3.** environ 7

Vendredi voir le diagramme : chiens - 3 oiseaux - 2 chats - 5

Réfléchis bien 5, 10, 15, 20, 25, 30

Semaine 18

Lundi rép. vont varier **1.** 6 **2.** 1 **3.** 12 **4.** 1

Mardi **1.** 2 dizaines 5 unités **2.** 20 ¢ **3.** 18, 13, 11 **4.** voir la consigne

Mercredi **1.** voir la consigne **2.** a **3.** a

Jeudi **1.** 2 heures et demie **2.** a **3.** environ 3

Vendredi - 5 -3 - 6

Réfléchis bien 1 groupe de 10, 5 unités, 15

Semaine 19

Lundi rép. vont varier **1.** 7 **2.** 8 **3.** 10 **4.** 1

Mardi **1.** 3 dizaines 2 unités **2.** 18 ¢ **3.** 20, 14, 12 **4.** voir la consigne

Mercredi **1.** voir la consigne **2.** a **3.** b

Jeudi **1.** 7 heures et demie **2.** b **3.** environ 6

Vendredi **1.** voir le diagramme : cercles - 5 cœurs - 2 hexagones - 4

Réfléchis bien 1 groupe de 10, 8 unités, 18

Semaine 20

Lundi rép. vont varier **1.** 6 **2.** 8 **3.** 9 **4.** 1

Mardi **1.** 3 dizaines 5 unités **2.** 20 ¢ **3.** 30, 26, 11 **4.** voir la consigne

Mercredi **1.** voir la consigne **2.** a **3.** b

Jeudi **1.** 9 heures et demie **2.** a **3.** environ 7

Vendredi voir le diagramme **1.** -4 -3 -4

Réfléchis bien 1 groupe de 10, 5 unités, 15

Semaine 21

Lundi	rép. vont varier **1.** 11 **2.** 9 **3.** 12 **4.** 3
Mardi	**1.** 1 dizaine 5 unités **2.** 6 ¢ **3.** 3 **4.** voir la consigne
Mercredi	**1.** pentagone, octogone **2.** b **3.** a
Jeudi	**1.** 11 heures et demie **2.** 12 mois **3.** environ 5
Vendredi	chien - 卌 oiseau - ||| chat - 卌 || **1.** chat **2.** oiseau
Réfléchis bien	3 + 2 = 5

Semaine 22

Lundi	rép. vont varier **1.** 9 **2.** 1 **3.** 12 **4.** 0
Mardi	**1.** 3 dizaines 4 unités **2.** 3 ¢ **3.** 0 **4.** voir la consigne
Mercredi	**1.** rectangle, carré, parallélogramme **2.** a **3.** a
Jeudi	**1.** 7 heures et demie **2.** a **3.** environ 6
Vendredi	卌	- |||| - 卌 **1.** **2.**
Réfléchis bien	4 - 1 = 3

Semaine 23

Lundi	rép. vont varier **1.** 10 **2.** 2 **3.** 8 **4.** 6
Mardi	**1.** 4 dizaines 4 unités **2.** 7 ¢ **3.** 7 **4.** voir la consigne
Mercredi	**1.** rectangle, pentagone, triangle **2.** b **3.** b
Jeudi	**1.** 12 heures et demie **2.** a **3.** environ 5
Vendredi	**1.** || 卌 ||| - |||| **2.** **3.**
Réfléchis bien	2 + 4 = 6

Semaine 24

Lundi	rép. vont varier **1.** 12 **2.** 2 **3.** 8 **4.** 4
Mardi	**1.** 3 dizaines 0 unité **2.** 10 ¢ **3.** 8 **4.** voir la consigne
Mercredi	**1.** pentagone, hexagone, octogone **2.** a **3.** b
Jeudi	**1.** 9 h **2.** a **3.** environ 4
Vendredi	**1.** carré - || cercle - 卌 || triangle - 卌	**2.** cercle **3.** carré
Réfléchis bien	5 - 3 = 2

Semaine 25

Lundi	**1.** 12, 11, 10, 9 **2.** 11 **3.** 4 **4.** 12 **5.** 9
Mardi	**1.** 3 dizaines 8 unités **2.** 8 ¢ **3.** 2 **4.** voir la consigne
Mercredi	**1.** cercle, triangle, carré **2.** a **3.** a
Jeudi	**1.** 12 h 30 **2.** a **3.** environ 8
Vendredi	**1.** 卌 ||| 卌	|| **2.** **3.**
Réfléchis bien	5 + 2 = 7

Semaine 26

Lundi	**1.** 28, 30, 32, 34 **2.** 10 **3.** 3 **4.** 11 **5.** 1
Mardi	**1.** 0 dizaine 5 unités **2.** 4 ¢ **3.** 4 **4.** voir la consigne
Mercredi	**1.** voir la consigne **2.** b **3.** a
Jeudi	**1.** 9 h 30 **2.** b **3.** environ 2
Vendredi	**1.** 卌 ||| 卌 |||| **2.** **3.**
Réfléchis bien	1 + 3 = 4

Semaine 27

Lundi	**1.** 45, 50, 55, 60 **2.** 12 **3.** 9 **4.** 2 **5.** 5
Mardi	**1.** 3 dizaines 3 unités **2.** 8 ¢ **3.** 6 **4.** voir la consigne
Mercredi	**1.** voir la consigne **2.** b **3.** a
Jeudi	**1.** 7 h **2.** a **3.** environ 8
Vendredi	**1.** |||| 卌 ||| 卌 **2.** **3.**
Réfléchis bien	5 - 3 = 2

Semaine 28

Lundi	**1.** 70, 80, 90, 100 **2.** 6 **3.** 3 **4.** 11 **5.** 5
Mardi	**1.** 4 dizaines 4 unités **2.** 3 ¢ **3.** 9 **4.** voir la consigne
Mercredi	**1.** voir la consigne **2.** 4 côtés **3.** 0 sommet
Jeudi	**1.** 11 h **2.** b **3.** environ 10
Vendredi	**1.** || 卌	卌 ||| **2.** **3.**
Réfléchis bien	6 - 2 = 4

Semaine 29

Lundi	**1.** 64, 65, 66, 67 **2.** 6 **3.** 0 **4.** 9 **5.** 8
Mardi	**1.** 1 dizaine 6 unités **2.** 4 ¢ **3.** 33, 23, 3 **4.** voir la consigne
Mercredi	**1.** voir la consigne **2.** 6 côtés **3.** 4 sommets
Jeudi	**1.** 2 h 30 **2.** a **3.** environ 5
Vendredi	**1.** 卌 |||| 卌	||| **2.** **3.**
Réfléchis bien	2 + 5 = 7

Semaine 30

Lundi	**1.** 50, 52, 54, 56 **2.** 7 **3.** 6 **4.** 10 **5.** 1
Mardi	**1.** 4 dizaines 0 unité **2.** 1 ¢ **3.** 36, 20, 13 **4.** voir la consigne
Mercredi	**1.** voir la consigne **2.** 3 côtés **3.** 5 sommets
Jeudi	**1.** 4 h **2.** a **3.** environ 7
Vendredi	**1.** 卌 |||| 卌	||| **2.** **3.**
Réfléchis bien	7 - 4 = 3